これから自立活動を始める、
すべての先生方へ

はじめての自立活動

学習や生活に困りごとを抱えた
子どもたちを支える「自立活動」は、
特別支援教育の中核ともいわれています。
そもそもどんな指導?
何をどうすればいいのでしょうか?
まずは、自立活動の指導を行う先生たちの疑問に応えます。

自立活動って
どんな子のため?

「自立活動」というと、特別な子のための指導のようですが、
どのような子が必要としているのでしょうか?

「つまずき」や「困りごと」を抱えている、
子どもたちのための指導です。

▶▶ 自立活動は、学習上または生活上に「つまずき」や「困りごと」を抱えている子のための指導です。特別支援学級の子や通級指導教室に通う子だけでなく、困難を抱えている子は誰でも対象になります。

▶▶ 子どもたちが抱える困難は、一人一人内容も程度も違います。その困難を改善・克服していけるよう、「なぜできないのか」という理由をきちんと探ったうえで、それぞれの実態に合った指導をしていきます。

詳しくは20 〜 21ページ ▶

Question 2

教科の指導と
どう違うの？

普段の授業とはずいぶん違うようですが、
カリキュラムなどはありますか？

【授業に集中できないAくん】

ほかのことが
気になる
みたいだな

まず5分だけ
集中してみよう！

【授業に集中できないBさん】

姿勢を保つのが
苦手みたいだな

バランス遊びを
するよ！

カリキュラムも教科書もありません。
一人一人に合わせた指導が求められます。

▶▶ 自立活動には、各教科のようなカリキュラムや教科書はありません。ただし、自立活動の
内容は学習指導要領の中で6区分27項目に分類・整理されています。子ども一人一人
の目標達成に必要なものを6区分27項目からいくつか選び、それらと関連づけながら、指
導内容を決定していきます。

▶▶ 困りごとや症状が似ていても、その原因や背景はそれぞれ異なります。その子にとって本
当に必要な指導をていねいに見極めることが大切です。

詳しくは24 〜 25ページ

どうなることを目指すの?

困りごとをなくす? それとも学力アップ?
自立活動が目指すゴールって、どんなものでしょうか。

障害や特性と折り合いをつけながら、社会に適応できるようになることを目指します。

▶▶ 世の中は、学力だけあれば生きていけるわけではありません。子どもたちは将来、周りの人とよい関係を築く、仕事に集中するなど、さまざまな社会適応能力が求められます。自立活動は、自分の障害や特性と折り合いをつけながら、周囲と調和のとれた生活が送れるようになることを目指します。

▶▶ 「困りごと」を子どもの特性に気づくチャンスと捉え、自立活動を通して、社会適応能力を上げていきましょう。

詳しくは22〜23ページ

特設の時間にだけ
行えばいい?

自立活動は、いつ、どれくらいやれば結果が出るのでしょうか。
特設の時間だけで十分ですか?

【特別支援学級や通級指導教室で　　　　　　【通常クラスでも授業を工夫】
自立活動の指導】

できるように
なってきた!

特設の時間だけではなく、
学校の教育活動すべてで配慮が必要です。

▶▶ 自立活動の指導は、特別に設定して行うことが中心とされています。特設の時間だけではなく、教科指導の中でも「自立活動の要素」を取り入れ、総合的に成果を上げていくことが大切です。

▶▶ 通級の対象とはならないけれど、困難を抱え、特別な配慮が必要な子もいます。その場合にも、自立活動の考え方を積極的に盛りこんでいきましょう。

詳しくは30 〜 31ページ ▶

必要な指導は
どう見極めるの？

個別の指導内容を決めるのは難しそうです。
どうやって手がかりを見つければいいでしょうか。

【本人の様子をよく見る】

【保護者と面談する】

おうちでの様子を
教えてください

アセスメントの
実施

【学級担任と面談する】

普段の様子は
どうですか？

【検査を実施する】

アセスメントを行い、特性を明らかにすることで、
その子に合った指導を見極めることができます。

▶▶ 教科の指導と違い、自立活動では必要な指導が子どもによって違います。そこで重要なのが、アセスメントの実施です。困難を抱える子が「なぜ困っているのか」、その要因をていねいに分析します。

▶▶ 困難の根本の要因を捉えた指導でなければ成果は上がらず、子どもは「またできなかった」と自信をなくしてしまうでしょう。さまざまなアセスメントでその子の特性を分析し、その子に合った指導を見極めることが大切なのです。

詳しくは26 ～ 29ページ

Question 6

一人で適切な指導が
できるか不安……。

アセスメントや個別の対応……。
知れば知るほど難しそうで、自分にできるか不安です。

学校全体

家庭

専門機関
など

校内委員会を設置して、
担当教師だけではなく学校全体で対応します。

▶▶ 自立活動の指導は、特定の教師が一人で取り組むものではありません。学校全体で取り
組み、家庭や専門機関と連携をとり、乳幼児期から作成されている教育支援計画なども
活用しながら、協力し合って進めていくものです。

▶▶ 文部科学省の指導により、各学校に「校内委員会」と「特別支援教育コーディネーター」が
設置されています。校長が指名した特別支援教育コーディネーターを中心に、校内委員
会で支援体制を整えていきましょう。

詳しくは32 ～ 33、38 ～ 39ページ

7

子どものやる気を引き出すには?

自立活動を継続できるよう、子どものやる気を引き出したいのですが、
どのように指導すればいいのでしょうか?

やる気アップ!

ぼくには
無理かも

よし、
1つできた!

スモール
ステップ
大きな課題を
小さな課題に
分けてやる

小さな課題をテンポよくこなし、
達成感を積み上げていきましょう。

▶▶ 自立活動が必要な子どもたちは、「どうせできない……」と自信をなくしていることが少なくありません。この思いこみを払拭して、本人のやる気を引き出すためには、「達成感」を感じられる機会を増やすことが大切です。

▶▶ 難しい課題に挑戦するよりも、できる課題、小さな課題をたくさんこなすスモールステップで進めましょう。「やった!」「できた!」という感覚が自信になり、次の課題が楽しみになります。この好循環が、自立活動の成果を上げるカギになるのです。

詳しくは34 〜 35ページ ▶

発達障害を考える ❀ 心をつなぐ

特別支援教育をサポートする

自立活動

トレーニング&事例集

特別支援教育士スーパーバイザー
山田 充 監修

ナツメ社

はじめに

　自立活動が話題にのぼり始め、全国で自立活動をしっかりしようという動きが出てきています。通級指導教室の指導も自立活動が中心だといわれています。

　しかし、「自立活動に何をしていいのかわからない」「自立活動の時間が十分にとれていない」「教科の指導で手一杯……」いうような声もよく聞かれます。

　自立活動を巡り大切なことは、まず「自立活動は特設の時間だけではない」ということです。子どもたちの特性や特徴に沿って自立活動を設定する場合、その特性への支援を特設の時間ですることはもちろんですが、その特徴や特性を生かして、教科の指導を行っていくことがとても大切なのです。

　特別支援教育では、しっかりアセスメントしたうえで、子どもの困難の要因に対してアプローチし、困難の改善や学習の習得を目指します。教科の指導の中に自立活動の考え方を取り入れることはとても重要です。

　通級指導教室では、その活動自体が自立活動であるといわれていますが、そこに来る子どもたちは、通常の学級に在籍しています。ですから、通級指導教室で行っている自立活動の考え方を教科の指導に生かすことができれば、それは、通常の学級での教科指導の中に自立活動の考え方を取り入れることになります。つまり、通常の学級で

も自立活動の考え方を使って指導する工夫が求められるのです。本書では、通常の学級での自立活動も視野に入れて構成されています。ぜひご活用ください。

　また、自立活動の内容の中で「どの項目をやればよいのかわからない」という声もよく聞かれます。そんなときは、逆転の発想で考えてみてはいかがでしょうか。子どもの状態をしっかりアセスメントしていき、指導支援すべき課題を明らかにしてから、自立活動のどの項目が指導支援すべき課題と関連するのかを探っていくという方法もありだと思います。

　しっかりアセスメントして得られた課題は、必ず自立活動の指導支援すべき項目として当てはまります。そういう活動から自立活動の項目の理解を進めていってみてください。

　本書が、自立活動を考える皆さんのお役に立つことを願っています。

大阪市教育委員会インクルーシブ教育推進室
通級指導アドバイザー
特別支援教育士スーパーバイザー

山田 充

目 次

これから自立活動を始める、すべての先生方へ

はじめての自立活動

1章 理論編 自立活動の基礎知識 ～アセスメントの重要性を知る

2章 | 実践編 個別対応トレーニングと 通常学級での配慮

3章 事例集 子どもの特性に応じた 適切な支援

本書の特色と使い方

この本は3つの章から構成されています。これから自立活動に取り組む先生たちの
ために、基礎知識からトレーニングや配慮の方法、事例などをまとめて紹介しています。

1章 理論編	「自立活動とは何か」について解説しています。自立活動の目標や内容、教育課程における位置付け、アセスメントのやり方などについて触れています。
2章 実践編	特設の時間に行う自立活動の個別対応トレーニングに加えて、通常の学級での活動・配慮についても紹介しています。
3章 事例集	困りごとや特性のある子に対して、自立活動をどのように取り入れて指導・支援したのかという事例を紹介しています。

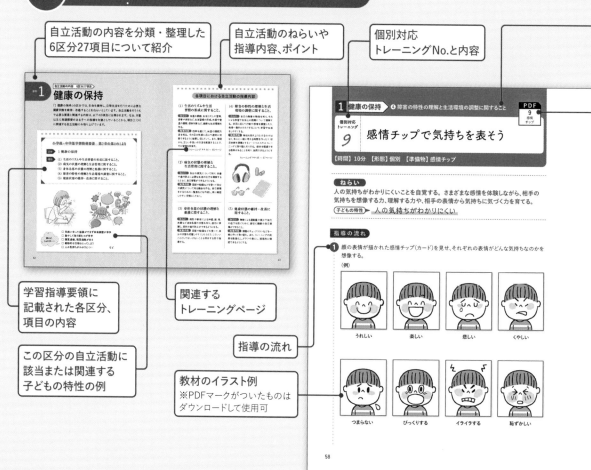

2章 実践編：個別対応トレーニングと通常学級での配慮

- 自立活動の内容を分類・整理した6区分27項目について紹介
- 自立活動のねらいや指導内容、ポイント
- 個別対応トレーニングNo.と内容
- 学習指導要領に記載された各区分、項目の内容
- 関連するトレーニングページ
- この区分の自立活動に該当または関連する子どもの特性の例
- 指導の流れ
- 教材のイラスト例 ※PDFマークがついたものはダウンロードして使用可

子どもの学年や特性、
普段の様子など

困りごとの内容

支援後の
子どもの変化

実態を把握するための
アセスメントの方法と
それによって
明らかになった課題

自立活動を取り入れた
支援の方針と配慮の仕方

主な自立活動の区分と項目
※ただし、子どもの特性によって他の区分や項目と関連づけながら指導する必要がある

トレーニングで使用する絵カードや場面カードなどの教材が
PDF形式でダウンロードできることを示す（詳細は18ページ参照）

該当する区分を色で表示

指導の流れの中でおさえておきたい
ポイントや留意点など

通常の学級や授業中における配慮、
自立活動の取り入れ方

トレーニング教材をダウンロードして活用しよう!

トレーニングで使用する教材の一部(PDF形式)は、ナツメ社のウェブサイト
(https://www.natsume.co.jp)の『特別支援教育をサポートする「自立活動」
トレーニング&事例集』のページよりダウンロードできます。
ファイルを開く際には以下のパスワードをご入力ください。

● パスワード:b3DYmNdP

PDF 1
衣類の
絵カード

**ダウンロードできる
教材はこのマークが
付いています。**

【教材一覧】

区分	PDFファイル名	個別対応トレーニング	掲載ページ
1 健康の保持	1_衣類の絵カード	1 季節に合う服装を考えよう	44ページ
	3_衝動的な場面イラスト	3 ちょっと待って! 考えてから動こう	48ページ
	9_感情チップ	9 感情チップで気持ちを表そう	58ページ
	10_学校生活場面カード	10 「こんなとき、どうする?」を考えよう	60ページ
	12_まちがいさがし	12 まちがいさがし	62ページ
	13_点つなぎ	13 点つなぎ	64ページ
	15_スリーヒントかるた	15 スリーヒントかるた	67ページ
2 心理的な安定	17_お悩み相談室 Part1	17 お悩み相談室 Part1	72ページ
	19_推理クイズ初級	19 推理クイズに挑戦! 初級	76ページ
	20_推理クイズ上級	20 推理クイズに挑戦! 上級	77ページ
	21_トラブルの場面カード	21 もう1回考えて、次はどうする?	78ページ
	22_鉛筆くるくる	22 鉛筆くるくる	80ページ
	23_鉛筆つんつん	23 鉛筆つんつん	82ページ
3 人間関係の形成	26_お悩み相談室 Part2	26 お悩み相談室 Part2	88ページ
	27_トラブルの場面カード	27 そんなこと言ったのは、なぜ?	90ページ
	30_お話サイコロ	30 お話サイコロ	93ページ
	31_運筆トレーニング	31 運筆いろいろ	94ページ
4 環境の把握	33_学校生活場面カード	33 どんな順番?	98ページ
	34_4コマ漫画	34 お話並べ	99ページ
	37_線なぞり	37 光るペンで筆圧コントロールPart2	102ページ
	40_音量ものさし	40 音量ものさし	106ページ
5 身体の動き	46_マネマネ体操	46 マネマネ体操	116ページ
	47_じゃんけんゲーム	47 じゃんけんゲーム	118ページ
6 コミュニケーション	55_気持ちの絵カード	55 どんな気持ち? クイズ	129ページ
	59_マッチング・カード	59 マッチング・カードゲーム	134ページ
	60_場面カード	60 絵から情報ゲット	136ページ

**ご使用上
の
注意**

● ファイルをご覧いただくには、アドビシステムズ社のAdobe ReaderまたはAdobe Acrobatが必要です。お持ちでない方は、アドビシステムズ社の公式ウェブサイトより、Adobe Readerをダウンロードしてください(無償)。

● データは、ご購入された個人または法人が、プリントして授業などで自由にお使いいただけます。ただし、営利目的での使用はできません。

● 授業の内容に合わせて拡大・縮小して使ってください。カラー印刷またはモノクロ印刷で使用できます。

● データそのものを無断で複製、頒布(インターネット等を通した提供を含む)、販売、貸与することはできません。

● データの著作権は、すべてナツメ社および著作権者に帰属します。

理論編

自立活動の基礎知識
～アセスメントの重要性を知る

特別支援教育の中核ともいわれる「自立活動」。
1章では、自立活動の基本的な内容を理解するために、
自立活動の位置付けや指導内容、
アセスメントの重要性とその流れについてなどを解説します。

「自立活動」とは？

特別に設けられた指導領域

特別支援教育の教育課程において、「自立活動」という領域が設定されています。
自立活動とは、どのような指導なのでしょうか。まずは、その意義をおさえておきましょう。

障害による学習面・生活面での「困難」を改善するもの

　小・中学校の教育課程は、子どもの発達・年齢に沿って、系統的・段階的に進められています。しかし、障害のある子どもの場合は、学びにくさがあったり、集団行動が苦手であったりと、さまざまな困難やつまずきが生じることから、年齢に沿った教育をするだけでは十分とはいえません。

　そのような子どもたちの学習面や日常生活における困難さを改善・克服するための指導が「自立活動」です。自立活動の目標は、特別支援学校の学習指導要領に次のように示されています。

　個々の児童又は生徒が自立を目指し，障害による学習上又は生活上の困難を主体的に改善・克服するために必要な知識，技能，態度及び習慣を養い，もって心身の調和的発達の基盤を培う。（特別支援学校小学部・中学部学習指導要領　第7章第1目標より）

　自立活動は、特別支援教育の中核となるもので、各教科の指導に加えて、特別に設けられた指導領域です。自立活動によって、「調和のとれた人の育成」を目指します。ただし、子どもの実態は異なるため、それぞれに配慮しながら支援・指導することが重要です。

- -

自立活動は特別支援教育の中核

- -

調和的発達を目指す

教科などの教育

発達・年齢に即して
系統的に進められる

自立活動

個々の実態に応じて
行われる

子どもの資質や能力に
沿った支援・指導

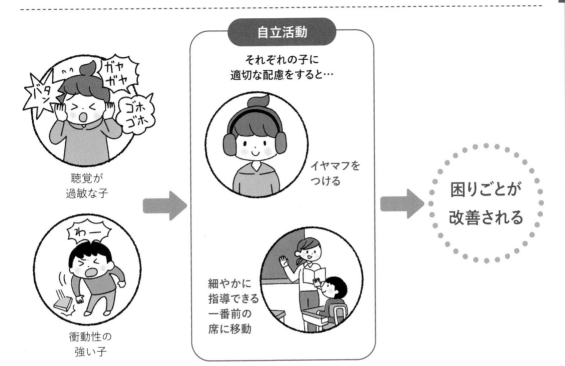

学習面・生活面での困りごとがある場合

学習の遅れを補充するための時間ではない

　自立活動は、障害による学習上、または生活上に困難がある子どもに対して行われます。特別支援学校の児童だけでなく、特別支援学級、通級指導教室に通う児童に対しても行われており、特に近年は、特別支援教育を必要とする子どもの数が増加していることから、自立活動を取り入れる必要性は増しています。

　指導は、各教科の授業以外に、特別に設定して行うことが中心とされていますが、通常の教科の指導においても、自立活動の要素を取り入れ、関連づけることが大切です。このように、自立活動は特設の時間だけで行うものではないことを念頭において、指導にあたるとよいでしょう（詳しくは30ページ）。

　また、特設で指導するというと「遅れている学習の補充をする」と勘違いされることがあり、自立活動もその一環だと認識されるケースがあります。しかし、自立活動は、学習の補充ではなく、**子どもの特性に応じた「学ぶ方法」や「学ぶ力」をつけるために行われるもの**です。

　もちろん、ひらがなや漢字が身についておらず、読み書きに困難がある、足し算や引き算が理解できないといった、学習の土台が身についていない子の場合は、まず「なぜ、できないのか」という理由をきちんと探ります。そのうえで、自立活動の中に基礎学習を取り入れるケースは出てくるでしょう。

自立活動の目標は、社会で生き抜く力をつけること

子どもの特性に配慮しながら、それぞれに必要なトレーニングを行います。
将来、自立して「社会で生き抜く力」を育てるのが、自立活動の目標です。

子どもの特性をマイルドにして、社会適応能力をつける

　自立活動は、何らかの障害があって困難を抱えている子どもを指導・支援する取り組みです。ですから、障害を「治す」ことが目的ではありません。**障害という特性がありつつも、その特性と折り合いをつけながら、将来社会に出たときにも、自立し、周囲と調和のとれた生活を送れること**が目的であり、そのための教育活動です。

　例えば、こだわりが強すぎたり、音の聞き分けが難しかったり、人の気持ちを読み取るのが苦手だったりという特性がある子どもも、**自立活動のトレーニングをすることで、特性をマイルドにしていきます。**

　教科の学習だけで学力を伸ばしたとしても、このようなトレーニングをしなければ、社会適応能力を上げることはできません。

自立活動のトレーニングを十分に行わず、学力面だけを伸ばしたBさんの場合

　Bさんは特別支援学級で学力をつけて学校を卒業し、無事に就職することができました。しかし、会社で電話を受けて「社長さん、いますか?」と聞かれれば、「いません」と言って電話をガチャンと切ってしまう……。このようなことが続き、ついに会社をクビになってしまいました。

　学力をつけて採用試験に通って入社できたとしても、その子の特性を考慮せず、「状況を読み取る」というトレーニングがされていなければ、社会に適応して生きていくことが困難になってしまいます。

各教育課程における自立活動の位置付け

自立活動の考え方を理解することは、すべての教師にとって必要になります。
そして、特別支援教育にかかわる学校や学級と通常学級との連携も重要です。

特別支援学級

特設の時間を設けて個別のトレーニングをする、教科指導の中に自立活動の要素を入れるなど、すべての授業時間に自立活動の考え方を取り入れています。

● 教科の授業
自立活動の要素を取り入れる。

+

● 特設の時間
個別対応で自立活動のトレーニングを行う。

通級指導教室

通常学級に在籍している児童が、学習面や生活面での困難を改善するために、週1〜2時間通う教室です。基本的にその時間は自立活動の個別対応のトレーニングにあてられます。

● 通常学級の授業
大部分は、在籍する学級にて
ほかの児童と一緒に授業を行う。

+

● 通級指導教室
個別対応で自立活動のトレーニングを行う。

特別支援学校

自立活動は、もともとは「養護・訓練」という名称で特別支援学校の専門的な指導領域とされてきたものです。現在の教育課程には、小・中学校に準ずる教育とともに、自立活動の指導領域があり、児童の障害の重度や程度に合わせて、個別に行われています。

通常の学級

通常学級は、特別な教育課程を編成することができないため、自立活動の時間を特設することはできません。しかし、特別な配慮が必要な児童が増えていることから、通常の授業においても自立活動の視点を取り入れて指導することが求められています。

自立活動の 指導内容を理解 しよう

自立活動の内容は、学習指導要領の中で分類・整理されています。
子どもの実態に合わせて必要な項目を選んで指導しましょう。

自立活動の内容は「6区分27項目」にまとめられている

自立活動には、各教科のようなカリキュラムがありません。子どもの実態を把握したうえで、必要な項目を選んで行います。

自立活動の内容は、「人間としての基本的な行動を遂行するために必要な要素」と「障害による学習上又は生活上の困難を改善・克服するために必要な要素」で構成されており、それらの代表的な要素である27項目が「健康の保持」「心理的な安定」「人間関係の形成」「環境の把握」「身体の動き」「コミュニケーション」の6つの区分に分類・整理されています（25ページ表参照）。

子どもの実態を把握して指導内容を設定する

自立活動の具体的な指導内容は、子どもの困りごとや実態を把握し、それぞれの指導目標（ねらい）を設定したうえで決めていきます。目標を達成するために必要な項目を6区分27項目からいくつか選び、それらを関連づけながら決定していきます。

ここで大切なことは、子どもの様子や見た目の症状は同じであっても、それを引き起こす原因や背景はそれぞれ異なるということです。例えば、「人の気持ちがわかりにくい」という特性がある子がいたとします。その原因は、もともと人の気持ちがわかりにくいという自閉症の特性であった場合や、不安が強く、自分に自信がないので人の気持ちを考えにくくなっている場合、ADHDの傾向があり、おもしろがって人が嫌がる言動をとってしまう場合など、さまざまです。

困りごとの原因が違えば、必要な指導も違ってきます。そのために実態把握が必要なのです。

原因はさまざま

自閉症だから？

不安症だから？

人の気持ちが
わからない子

ADHDだから？

自立活動の内容（6区分27項目）

以下は、自立活動の指導を行ううえで必要な要素を示しています。
教科学習のようにすべてを行う必要はありません。

区　分	項　目
1 健康の保持	❶ 生活のリズムや生活習慣の形成に関すること。 ❷ 病気の状態の理解と生活管理に関すること。 ❸ 身体各部の状態の理解と養護に関すること。 ❹ 障害の特性の理解と生活環境の調整に関すること。 ❺ 健康状態の維持・改善に関すること。
2 心理的な安定	❶ 情緒の安定に関すること。 ❷ 状況の理解と変化への対応に関すること。 ❸ 障害による学習上又は生活上の困難を改善・克服する意欲に関すること。
3 人間関係の形成	❶ 他者とのかかわりの基礎に関すること。 ❷ 他者の意図や感情の理解に関すること。 ❸ 自己の理解と行動の調整に関すること ❹ 集団への参加の基礎に関すること。
4 環境の把握	❶ 保有する感覚の活用に関すること。 ❷ 感覚や認知の特性についての理解と対応に関すること。 ❸ 感覚の補助及び代行手段の活用に関すること。 ❹ 感覚を総合的に活用した周囲の状況についての把握と状況に応じた行動に関すること。 ❺ 認知や行動の手掛かりとなる概念の形成に関すること。
5 身体の動き	❶ 姿勢と運動・動作の基本的技能に関すること。 ❷ 姿勢保持と運動・動作の補助的手段の活用に関すること。 ❸ 日常生活に必要な基本動作に関すること。 ❹ 身体の移動能力に関すること。 ❺ 作業に必要な動作と円滑な遂行に関すること。
6 コミュニケーション	❶ コミュニケーションの基礎的能力に関すること。 ❷ 言語の受容と表出に関すること。 ❸ 言語の形成と活用に関すること。 ❹ コミュニケーション手段の選択と活用に関すること。 ❺ 状況に応じたコミュニケーションに関すること。

アセスメントで、子どもの 困りごとの要因 を明らかに

「なぜ、そのような困りごとがあるのか」という要因を探るためには、アセスメントが必要です。
アセスメントで子どもの状態を明らかにし、その子に適した具体的な支援に進みましょう。

アセスメントをしない支援は、子どもの失敗経験を重ねるだけ

特別支援教育で特に重要なことは、アセスメントの実施といえます。アセスメントとは、困難を抱える子が「なぜ、困っているのか」という、困難の要因をていねいに分析することです。

例えば、何度やっても漢字を覚えられない子がいたとします。そこで、「なぜ、覚えられないのか」というアセスメントを実施せず、その子の特性を見ないまま、「なんとかしてあげよう」と、教師がいろいろな教材を用意するということが、実は特別支援教育の現場でありがちです。

たくさん教材を用意したことで、1つの教材で成果が上がらなくても、また別の教材を試せるので、教師はそれだけで満足しがちです。しかし、子どもの立場では、「また覚えられなかった」「いつまでたっても間違いばかり」という失敗経験の繰り返しでしかありません。それでは、教師が支援すればするほど、子どものやる気はなくなってしまうでしょう。

アセスメントを行わない教師の支援は、子どものやる気をそぐことにつながります。

アセスメントを行うことで、適切な自立活動に

子どもの状態を明らかにする

子どもの特性を明らかにする

子どもの困りごとの要因を分析

その子に合った自立活動

アセスメントの実施で子どものやる気が変わる

文字が
うまく書けない

あさがおが
さいたよ

アセスメントを行う

鉛筆の持ち方を見る

ノートやプリントの
文字をチェック

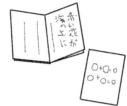

☑ 握り持ちになっている
☑ 筆圧が弱すぎる

［筆先をコントロールする自立活動］

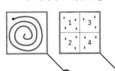

くるくる
楽ちん！

やる気
アップ

アセスメントを行わない支援

あれも
これも

うまく書けるように
教材をたくさん
用意しなくちゃ

これを
やってみよう

次はこれ

その次は
これ

うまくできない
やりたくない

やる気が
なくなる

できることを増やして、成功体験を積み上げる指導を

　子どもたちの困りごとは、発達の特性や行動の特性、心理的な状態などが影響して起こります。しかし、アセスメントを行うことで、子どもの特性や状態を明らかにし、課題を見つけ、それに合った指導をしていくと、できることが増えていきます。その繰り返しが子どもの自信につながるのです。

　失敗体験の積み重ねではなく、成功体験を積み上げて、子どものやる気を上げることが重要です。

アセスメントの方法は、

情報収集と検査結果 の分析

アセスメントには、保護者をはじめ、子どもにかかわる多くの人からの情報収集が大切です。検査を実施した場合は、その結果を複数にわたって分析します。

さまざまな角度から探る、アセスメントの進め方

具体的に、アセスメントをどのように進めたらよいかを考えていきましょう。

アセスメントは、子どもの実態を把握し、自立活動を進めていくうえで必要不可欠な作業です。非常に奥が深く、専門的知識が必要になります。そのため、**できるだけたくさんの人から情報を集め、検査結果を何度も分析する**ことが大切です。アセスメントは担当の教師だけでやるのではなく、**校内委員会を立ち上げ、専任のコーディネーターを配置するなど、学校全体で進める**ことを推奨します。

ここでは、代表的な方法を紹介します。

1 保護者との面談

まずは保護者との面談が必要です。「**子どもが何に困っているのか**」ということを、**学校と家庭間で共有**します。また、生育歴を中心に家庭での様子などをおさえておくことも重要です。ここでの聞き取りがしっかりできていないと、指導はうまくいきません。

おうちでの様子はどうですか？

保護者面談で聞き取る項目（例）

- 生まれたときの様子…出生体重、分娩時間など
- 1歳ぐらいまでの発達の様子…初めて歩いた時期、言葉を発した時期、発達の遅れはなかったかなど
- 健診の様子…1歳半健診、3歳児健診など
- 言葉に興味を示したか
- 人見知りはしたか
- 大きな病歴はないか…特に「てんかん」「滲出性中耳炎」「アレルギー症状」は言語力、聞く力、集中力などに影響するため確認する
- 保育所や幼稚園での様子…文字への興味、好きな遊び、先生に言われたことなど
- 家庭でのきょうだいや親子との関係

2　学級担任との面談

　通級指導教室の場合は、学級担任とも面談をする必要があり、**普段の子どもの様子**を詳しく聞き取ります。友人関係なども大事な情報になります。可能なら、子どもの様子を直接参観しましょう。

学級担任へのヒアリング（例）

- 授業中での様子…特に、立ち歩きはないか、先生の指示は聞けているか、よそ見や手遊びはしていないかなど
- 提出物の状況…宿題は提出しているか、忘れ物はないかなど
- 友達関係…自分から誘いにいくタイプか、待っているタイプか、たくさんの友達と遊べるかなど

3　検査の実施

　検査は「WISC- Ⅳ」「KABC- Ⅱ」「DN-CAS」「新版K式」などを使うのが一般的です。依頼は、学校からもできますし、各教育委員会や教育センター、発達支援センター、病院などからもできます。このような標準化された検査以外にも、子どもの状態に応じた検査も行います。

アセスメントに使われる検査（例）

- WISC-IV
- KABC-II
- 新版K式
- WISC-V
- DN-CAS
- 視機能検査（追視・両眼視など）
- 視覚認知検査（WAVESなど）
- 読み書きの検査（CARD包括的領域別読み能力検査など）　　　　　　　　　など

4　検査結果の分析

　検査の結果が出たら、分析に入ります。その際、「子どもが何に困っているのか」「検査項目がどのような事柄を測っているのか」を把握しておくことが前提です。

　検査結果から、子どもにどのような特性があるのかがわかります。その**特性が、子どもの困難な状態とどのような因果関係にあるのか**を明らかにしていきます。検査結果の分析は、専門家の意見も参考にしながら行いましょう。この分析作業は難しいため、たくさんの人と根気強く取り組む必要があります。

　因果関係が明らかになると、どのような自立活動が適しているかが見えてきます。

自立活動の2つの観点
「特設の時間」「授業中の配慮」

自立活動は、「特設された時間に行う指導」と、「通常の授業時間での配慮」という、2つの観点があります。学校の教育活動全体で行うものと理解しておきましょう。

教育活動全体に自立活動の考え方を取り入れる

　自立活動の指導には、以下の2つの観点があるということをおさえておきましょう。

①特設の時間に行われる指導（個別対応のトレーニング）

②各教科の指導にも関連させた適切な指導（通常の授業での配慮）

　また、学習指導要領では、以下のように記されています。

学校における自立活動の指導は、障害による学習上又は生活上の困難を改善・克服し、自立し社会参加する資質を養うため、自立活動の時間はもとより、学校の教育活動全体を通じて適切に行うものとする。（小学部・中学部学習指導要領　第1章第2節の2の（4）より）

　つまり、①の特設の時間に行われる個別対応のトレーニングは、自立活動の指導の一部であって、それだけではなく、②のように、通常の授業時間にも「自立活動の要素」を取り入れた指導を行わなければ、指導の効果は期待できません。この②の観点が充実すると、学校生活すべてに自立活動の要素が取り入れられることとなります。

　このように、教育活動全体を通じて自立活動を取り入れることが、子どもへの効果的な支援につながります。

子どもへの指導

特設の時間や
通級における
自立活動の
個別対応
トレーニング

＋

通常の学級活動や
教科の授業で
自立活動の
要素を入れる

学校の教育活動全体に自立活動を取り入れる

通級や通常学級の子にも授業中の配慮が必要

もともと自立活動は、特別支援学校で始まったものです。独自の教育課程を組む特別支援学校の教育課程では、自立活動の時間を確保しやすくなっています。

しかし、特別支援学級や通常の学級で、教科の指導を通常のカリキュラム通りに進めると、「自立活動を行う特設の時間」を確保しにくくなります。

だからこそ、特別支援学級での特設の時間や通級指導教室での自立活動の時間を確保す

ることに努力しつつ、**通常の教科の授業に自立活動の考え方を取り入れたり、配慮をしたりすることが求められている**のです。

なお、**通常の学級に在籍している子の中には、通級の対象とはならないけれど、困難を抱え、特別な配慮が必要な子もいます。**その場合にも、自立活動の指導を進める際と同様に、困りごとの要因を明らかにし、普段の授業の中に自立活動の考え方を積極的に盛りこむことが望ましいでしょう。

特設の活動だけでなく、授業中での配慮も必要

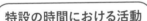

集中力がない子
集中力がない原因を探ると、体幹が弱く、姿勢がくずれることによって集中力が途切れやすいことが判明。

特設の時間における活動

個別に対応できる自立活動の時間は、バランスボールなどで体幹を鍛える。

授業中での配慮

授業の前に姿勢を正すことを意識させ、集中しやすい環境を整える。

まずは姿勢を正してやってみよう

通級に通う子は学習が遅れるのでは？

通級指導教室に通う子は、通常学級での授業を抜けてきています。例えば、国語の時間を抜けて通級で自立活動を行ったとしたら、その子にとって国語の時間が1時間減ってしまうことになります。それでは「学習に遅れが出るのでは……」という心配が出てくるかもしれません。

しかし、実は自立活動のトレーニングをすることで、結果的に国語（教科）の成績が上がってくる子どもたちがたくさんいるのです。

それは、自立活動を行うことで、子どもの本質的な困りごとが改善されるからです。それによって教科学習の理解も深まることになります。

個別の教育支援計画 と 個別の指導計画 を一人一人に

長期的に支援するための「個別の教育支援計画」と、その子の指導目標や指導内容を明確にした「個別の指導計画」を活用しながら、自立活動を行います。

「個別の教育支援計画」で切れ目なく子どもを支援

　小・中学校、高等学校の学習指導要領には、特別支援学級や通級指導教室の子どもたちに対して「個別の教育支援計画」と「個別の指導計画」を作成するよう明記されています。

　個別の教育支援計画とは、障害のある子が乳幼児期から学校卒業後まで、切れ目なく教育支援を受けるための長期的な計画です。子どもの特性や願いを把握し、教育の視点から適正に支援するために、保護者や関係機関と連携を図りながら、保育園・幼稚園から小・中学校、高校などへ引き継がれていきます。

　この計画の様式や作成手順は自治体や学校によって異なります。各教育委員会や文部科学省でも参考様式が公開されています。

個別の教育支援計画の内容（例）

- 本人のプロフィール
- 本人・保護者の思いや願い
- 本人の特性とそれに配慮した関わり方
- 学校での指導・支援の内容
- 通院や福祉サービスの利用状況
- 関係機関における支援内容　　　など

個別の教育支援計画を活用

個別の教育支援計画は、子どもが所属する教育機関が中心となって作成。関係機関との連携をとり、保護者の意見も聞きながら作られる。

特別支援学校
高校
小学校
中学校
幼稚園
保護者
大学
福祉・医療など関係機関

就学前　　就学中

卒業後

障害のある子を生涯にわたって支援する体制がある

「個別の指導計画」で指導の経過を共有

個別の指導計画とは、学校の教育課程において、一人一人の指導目標や指導内容、指導方法などを具体的に示した指導計画です。子どもが在籍する学級担任や通級担当・教科担当の指導者など、子どもの指導にかかわる人たちの間で共有し、指導の経過がわかるように整理しておく必要があります。

作成する時期や様式は学校によって異なります。まずは各教育委員会の書式を参考にするとよいでしょう。

個別の指導計画は、個別指導（一対一の指導）の計画ではありません。子ども一人一人に応じて、その子にどうかかわるかという「個別の」指導計画です。子どもの特性によって、個別指導の場合も複数指導の場合もあります。教師と一対一では甘えが前面に出る子や、子ども同士で意識し合うほうが成果が上げられる子は複数指導にします。

指導計画作成・実践の流れ

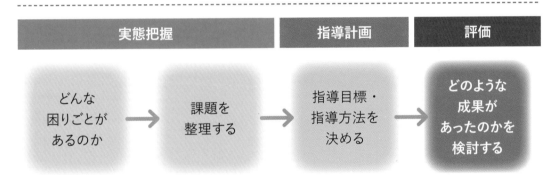

| 実態把握 | | 指導計画 | 評価 |

どんな困りごとがあるのか　→　課題を整理する　→　指導目標・指導方法を決める　→　どのような成果があったのかを検討する

計画はPDCAサイクルで見直しを

個別の教育支援計画も個別の指導計画も、学級担任だけでなく複数の教師と連携し、保護者からも子どもの様子をよく聞き、専門機関や検査の結果なども踏まえて作成します。

計画を作成してからも、実践と評価を重ねて改善を図っていくことが重要です。計画(Plan)、実行(Do)、評価(Check)、改善(Action)のPDCAサイクルで見直しを行い、一人一人に適切な支援を進めていきましょう。

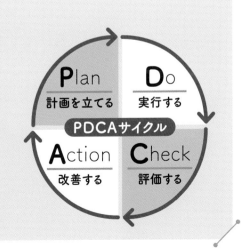

Plan 計画を立てる／Do 実行する／Action 改善する／Check 評価する／PDCAサイクル

達成感が得られるような 自立活動を工夫 する

あまり時間のかかるトレーニングでは、やる気を失ってしまいます。
自立活動は1つ1つを短く、達成感を得られるものにしましょう。

達成感があれば、勉強は楽しくなる

特別支援学級の子どもや通級指導教室に通う子どもたちは、自信をなくしていることが多く、「どうせできない……」とネガティブな発想をもつケースも少なくありません。これ以上「やってもできない経験」をさせないこと、そしてやらされている感がなく、自ら楽しんで課題に取り組んでいけるように指導しましょう。

では「楽しい」とはどのようなことでしょうか。子どもが楽しそうにすることだけをやる、子どもがしたいことだけをする、子どもが嫌がることをしないというかかわりでしょうか。このようなかかわり方は、子どもにとっては楽しいかもしれませんが、必要な指導ができず、子どものやりたい放題になってしまい、本当の意味で将来の支援にはなりません。

特別支援の指導で大切なのは「達成感」です。達成感があれば楽しいと感じ、達成感をもつことができればモチベーションは上がっていき、がんばっている自分を自覚できるようになります。この流れこそが、子どもたちがやる気になるためには必要なのです。

自立活動を充実させるには、子どもの「やった！」「できた！」という達成感を大事にしていかなければ、なかなか成果は上がりません。もともと本人の特性上の苦手なことをやるのですから、達成感を上手に作ることはとても大切なのです。

やった！
できた
達成感でモチベーションアップ
ぼくだってできる！
最後までやれた
わかった！ ◯がついた！
達成感

本当の支援にはならない
楽しいことだけやりたい放題
嫌なことはやらない

達成感を上手に作る6つのポイント

Point1

楽しいという感情をもってもらう

自立活動は子どもの困難があるところに焦点を当ててやるものであり、得意なことをやるわけではありません。本人が「楽しい」「できる!」という課題でなければうまくいきません。

Point2

たくさんの課題をこなす

特設の時間では、たくさんの課題を実施します。数が多くても、やさしい課題から取り組み始めれば、「たくさんできた」という達成感をもてます。

Point3

同じ課題を長時間やらない

個別対応トレーニングでは、毎回同じ課題に取り組み、内容を少しずつレベルアップしていきます。ただし、時間はかけません。1つのことを長時間やってしまうと、「できない」「難しい」という感情が発生してしまい、やる気が失われます。

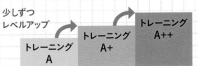

少しずつ
レベルアップ

トレーニング
A

トレーニング
A+

トレーニング
A++

Point4

「ゆっくり」ではなく「テンポよく」

個別の指導というと「ていねいにゆっくり教える」というイメージがありますが、教えるというより、子どもができることを継続的に行うことで、レベルアップを目指します。たくさんの課題をパパッとやり遂げていくことで、集中力も上がるでしょう。時間内に終わりそうにないときは、トレーニングの種類は減らさず、問題自体を減らします。

Point5

覚え方や解き方を教える

自立活動の指導では、計算問題や漢字の書き取りを数多くやるようなことはしません。「こうやったら漢字が覚えられますよ」「まず図を書いたら、計算がやりやすいですね」というように覚え方や解き方を示して、そのやり方で学べばできることを実感させます。

Point6

「×」をつけない

「×」をつけない指導が大事です。かといって、やたらと○をつけるのではなく、難しそうなときは話し合ったりヒントを出したりしてから答えを書かせて「×」をつけなくてもすむようにします。課題ができたら、花まるをつけたりシールを貼ったりして、子どもの意欲を持続させます。

課題は子どもに相談せず、指導者が決める

自立活動では「課題は指導者が決める」という原則を守らないと、効果的な指導はできません。子どもと相談しながら課題を決めるなど、子どもに寄り添うことがよいように思われがちですが、それは少し違います。

なかには、面倒くさいことやできないことを回避するために、課題を変えようする子もいます。これを認めてしまうと、せっかくアセスメントして考えた課題が実行できなくなり、指導の成果が得られなくなります。ときには「がんばらせる」ときがあることを心得ておきましょう。

今日は
これをやります!

キッパリ

子どものニーズに合わせて
ICTを活用 しよう

学校では一人一台の端末が配られ、ICT（情報通信技術）を活用する機会が増えています。上手に取り入れて、子どもたちの困りごとを軽減させましょう。

「特性への配慮」として、ICTを活用する

　小・中学校では一人一台のパソコンやタブレットが配布され、ICT（情報通信技術）を活用した授業が進められています。さらに、**ICTの活用は、障害のある子やさまざまな困難を抱える子への支援や指導を充実させるものとしても期待されています。**

　例えば、デジタル教科書の音声読み上げ機能や拡大機能を使えば、聞く力や見る力が弱い子でも、教科書を読むことへの負担が軽くなり、学習への理解が進みます。勉強がわかるようになると、子どもの意欲は高まり、できたという達成感が得られるようになるでしょう。

　今後もICTが学習に役立つ場面はたくさん出てくると考えられますが、だからといって、ノートやプリントに書くことや紙の教科書や本を読むことがなくなるわけではありません。子どもの特性を考慮したうえで使用することが重要になります。特性への配慮としてICTを活用し、困りごとを取り除いたり、減らしたりすることができれば、子どもの可能性はより広がっていくでしょう。

	障害による困りごと	ICT活用例
読む	教科書を読むことができない	デジタル教科書の音声読み上げ機能を使って、文章を音声で聞く
書く	テストやプリントに答えを書くことができない	デジタル機器のキーボード入力で表示する
見る	色や大きさが見えにくい	拡大・縮小機能、文字色や背景色の変更などで自分が見やすい画面を表示
話を聞く	口頭で説明されても理解できない	映像や文字を画面で見ながら視覚情報も合わせて理解する
意思を伝える	自分の気持ちを言葉で伝えられない	絵カードやマークを選択することで意思表示する

困りごとのある子に向けたICTの活用例

case1 漢字の読み書きが苦手

漢字アプリで書き順や読みを表示

漢字の読み書きが苦手で、辞書を使うことも難しい子に、漢字アプリを活用。正しい書き順や読みを自分で調べられるようにしました。書き順はアニメーションで映し出されるため、わかりやすく、繰り返し見ながらなぞり書きで覚えられました。自分で調べていくうちに、書ける漢字が増え、漢字に対する苦手意識がなくなりました。

case2 作文を書くことが難しい

写真を活用して内容を整理する

作文を書いたり、伝えたいことを言葉にしたりするのが苦手な子に、タブレットのカメラ機能を使って授業や体験学習の様子を写真に撮って記録してもらいました。写真を見て振り返りながら、活動を思い出し、そのときの様子や気持ちなどを表現することができるように。自分の体験を順番に整理することがうまくなりました。

case3 声が大きすぎる

アプリで声の大きさを客観視する

授業中、独り言を言ってしまう子に、声の大きさが表示されるアプリを使用して、客観的に声の大きさを本人に認識してもらいました。どれくらいの大きさの声だと人に聞こえてしまうか、場面によってどれくらいの大きさの声が適切かなどを視覚的に認識できるようになりました。

case4 自分の気持ちを伝えられない

マークを使って気持ちを言葉にする

自分の気持ちを言葉で表現することが難しい子に、感情を示すシンボルマークが入ったアプリを使用し、まずは絵で示すことを促しました。自分の気持ちに近いマークをタッチすると、その感情が読み上げられるので、なかなか表現できなかった自分の気持ちと言葉が一致するようになりました。

文部科学省　発達障害のある子供たちのための「ITC活用ハンドブック」をもとに作成

校内での理解と連携が大切

学校全体で支援体制 の整備を

特別支援教育を必要とする子どもの数が増えている現状では、
校内委員会の役割を強化して、学校全体で取り組むことが重要です。

校内委員会を設置して、全教職員の共通理解を図る

　近年、特別支援教育を必要とする子どもの数は増えています。特別支援教育は、一人一人の状態や特性に合わせた教育的ニーズを把握したうえで、子どもの困難を改善するために行われます。学びの場が特別支援学級や通級指導教室であっても、担当教師だけに任せるのではなく、**学校全体で取り組む**必要があるでしょう。

　文部科学省は各学校に**校内委員会**と**特別支援教育コーディネーター**の配置を求めています。校内委員会とは、学校によってその位置付けやメンバーは異なりますが、校長、教頭、特別支援教育コーディネーター、教務主任、生徒指導主事、通級指導教室担当教員、特別支援学級教員、養護教諭、学級担任、学年主任などから構成されます。子どもへの支援体制を整えるとともに、校内における全教職員の共通理解を図ることにも努めます。

　校長から指名された特別支援教育コーディネーターは、校内での調整役、専門家への連絡、保護者の相談窓口など、さまざまな役割を担っており、特別支援教育を進めていくうえで非常に重要な存在となっています。

学校全体で子どもの教育的ニーズに応える

校内委員会
特別な教育的支援が必要な児童の実態を把握し、支援方策を具体化

特別支援教育コーディネーター
校内や校外の関係機関との連携調整や保護者の窓口などの役割

相談、情報の提供など → **専門家**
巡回相談員、医師、大学の教員、臨床心理士、言語聴覚士などの専門家

相談、情報の提供など → **保護者**

学校全体で困難がある子の支援の工夫を

　自立活動は、**学校における「合理的配慮」の一つ**といえます。合理的配慮とは、障害のある子どもが、ほかの子どもと平等に「教育を受ける権利」を確保するために、学校が必要かつ適当な調整を行うことです。**子どもたちが学校で学びやすくなるための配慮**といえます。

　子どもが抱える困りごとはそれぞれ異なるので、合理的配慮は個別に必要とされるものです。まずは子ども本人や保護者が学校に相談して、どのような配慮ができるかを話し合います。

　もしも希望する配慮が受けられない場合は、別の方法がないかを探り、家庭と学校が合意したうえで代替案を実施します。合理的配慮の内容は「個別の教育支援計画」に明記して、「個別の指導計画」に活用していきます。

学校における合理的配慮とは	障害のある子どもがほかの子と平等に教育を受けるために必要な配慮

集中が難しい子
➡ 個別学習やテストに別室を用意

読み書きが苦手な子
➡ デジタル機器による入力、音声読み上げ、拡大機能

指示の理解が困難な子
➡ 口頭だけでなく、板書、メモによる指導の工夫

通級指導教室での指導はいつまで?

　通級指導教室に通う子どもたちには、アセスメントを行ったうえで、個々に適した自立活動の指導(トレーニング)が行われます。アセスメントの結果や自立活動の内容は、必ず学級担任と情報共有し、通級で行う自立活動の要素を通常の学級活動にもに生かす必要があります。通級と通常学級との連携はとても重要です。

　では、いつまで通級指導教室での指導を続ければよいのでしょうか?　これは、「通常の学級でみんなと同じように活動できること」が一つの目安になるでしょう。通級指導教室に通う子どもの在籍は通常の学級ですから、そこでの活動に問題がないと判断されれば、通級終了のサインと見てよいのではないでしょうか。

保護者を孤立させない
― 保護者対応で大切なこと

保護者対応で大切なことは、保護者が「自分は孤立している」と思わないようにすることです。保護者自身が孤立していると思うと、学校と対立関係に発展することになりかねません。

教育相談が行われる際は、学校の中で「教育相談係」という役割をもつ人が保護者の話を聞くように設定します。そのとき、担任の先生も一緒に行き、保護者も担任も一緒に教育相談係に相談に行くという形にするのです。

保護者は孤立せず、担任の先生が味方になってくれることが明らかな形にします。担任の先生は、子どものことを一緒に考えてくれる同志になるのです。まずこの段階で、保護者の負担を軽くします。

教育相談係が面談をするときの流れにも配慮してください。

まず、相談時間を大まかに3つに分けます。初めの3分の1の時間を保護者からの訴えや話を聞く時間にあてます。合いの手も入れながら、保護者が話しやすい雰囲気を作り、じっくりと話を聞きます。

次の3分の1の時間で、教育相談係が足りない情報などを聞いていきます。生育歴や保護者が語らなかっ

家でも急にキレることがあって…

保護者　担任の先生

教育相談係　記録係

たことについて、系統的に質問していきます。このとき、発達障害の根拠となるエピソードがあるのかないのかなども質問するようにします。

最後の3分の1は、ここまで聞いた話から、相談内容の根拠となる情報と関連付けて、当面の対応について語ります。このとき大切なことは、保護者にだけ助言するのではなく、担任の先生にも学校でできる対応を助言します。ここでも、保護者と学校側の両者に助言することで、その後も保護者と担任は共に協力して対応する関係となり、保護者が孤立するのを防ぐことができるのです。

このように、保護者を孤立させない教育相談の形を基本とすることで、保護者と教師は協力・共同の関係となり、成果を上げることができます。

2章

実践編

個別対応トレーニングと通常学級での配慮

ここからは、自立活動の指導実践例を紹介します。
それぞれのねらいに沿って行う個別対応トレーニングはもちろん、
自立活動の考え方を通常の学級で
どう取り入れるかという配慮も大切です。

区分 1 健康の保持

「1 健康の保持」の区分では、生命を維持し、日常生活を行うために必要な健康状態を維持・改善することをねらいとしています。自立活動を行ううえで必要な要素と関連する内容は、以下の5項目に分類されます。なお、本書は主に発達障害のある子への指導を対象としていることから、項目(1)(4)に関連する自立活動のみ取り上げています。

小学部・中学部学習指導要領　第7章の第2の1より

区分 ▶ 1 健康の保持

項目 ▶
(1) 生活のリズムや生活習慣の形成に関すること。
(2) 病気の状態の理解と生活管理に関すること。
(3) 身体各部の状態の理解と養護に関すること。
(4) 障害の特性の理解と生活環境の調整に関すること。
(5) 健康状態の維持・改善に関すること。

例えば、こんな子……

□ 気候に合った服装ができず体温調整が苦手
□ 集中して取り組むのが苦手
□ 聴覚過敏、視覚過敏がある
□ 衝動的な行動をとってしまう
□ 人の気持ちがわかりにくい　　　など

各項目における自立活動の指導内容

（1）生活のリズムや生活習慣の形成に関すること。

ねらい 体温の調節、生活リズムの習得、食事や排泄など、生活習慣の形成、衣服や室温の調節、感染対策など、健康な生活環境を作る。

指導内容 四季を通じて、体温の調節方法を知る。その日の気候に応じて適切に判断できるように指導し、促していく。また、普段から、正しい手洗いの方法を実践することで、その習得を目指す。

トレーニング ▶▶ 44 〜 45ページ

（2）病気の状態の理解と生活管理に関すること。

ねらい 自分の病気について知り、改善や進行防止に必要な生活の仕方を理解するとともに、自己管理ができるようになる。

指導内容 図版や動画などを使って自分の病気について知る機会を作る。自己管理をするための一覧表などを作成し、常に確認しやすい状態にしておく。

（3）身体各部の状態の理解と養護に関すること。

ねらい 病気や事故による神経、筋、骨、皮膚など身体各部の状態を知り、適切に保護し、症状の進行防止ができるようになる。

指導内容 図版や動画などを使って、自分の状態を把握しやすくしたうえで、していいこととしてはいけないことも明示する形で指導する。

（4）障害の特性の理解と生活環境の調整に関すること。

ねらい 自己の障害の特性を知り、それによる学習や生活上の困難について理解する。状況に応じて行動や感情を調整したり、他者へ働きかけたりすることで、学習や生活をしやすくする。

指導内容 特性を抑えようとするのではなく、本人と一緒に考える時間を作ったり、状況判断を課題とするソーシャルスキルトレーニングに取り組んだりする。症状を軽減できる器具があることを知り、活用できるようにする。

トレーニング ▶▶ 46 〜 67ページ

（5）健康状態の維持・改善に関すること。

ねらい 障害による運動量の減少や体力の低下を防ぐために、適切に健康の自己管理ができること。

指導内容 課題のチェックリストなどを一緒に作って取り組む。また、トレーニングの成果を数値化し、グラフや表にし、視覚的に確認できるようにする。

個別対応
トレーニング
1

季節に合う服装を考えよう

【時間】10分　【形態】個別・少人数　【準備物】衣類の絵カード

ねらい

季節にふさわしい服装を知り、衣服を調節することで、体温をコントロールしたり、
気温に対応できるようにする。

指導の流れ

❶ それぞれの季節に身につける衣類の絵カードを用意して、バラバラに置く。

❷ 「春夏秋冬」の風景が書かれた大きめの紙
を用意し、黒板に張る。または「春夏秋冬」
の4つの枠を黒板に書いてもよい。

❸ それぞれの季節に合う服装を考え、衣類の絵カードを「春夏秋冬」の枠の中に当てはめていき、季節に合った服装の絵を完成させる。

2章

1 健康の保持

2 心理的な安定

3 人間関係の形成

4 環境の把握

5 身体の動き

6 コミュニケーション

❶ 生活のリズムや生活習慣の形成に関すること

指導の**ポイント**

・四季を通じて体温調節の方法を身につけられるようにする。

・上下バラバラの服を当てはめるのが難しい場合は、あらかじめ上下を組み合わせておくとよい。

・自分の感覚だけでなく、ニュースや天気予報を見るなど、情報から判断する方法もあることを教える。

通常の学級での活動・配慮

その日の気候に適した服装を選ぶ

季節に合う服装だけでなく、「季節外れの暑さ」「風が強い」「湿度が高くて蒸し蒸しする」「冷たい雨」など、その日の気候に適した服装を考えて絵カードを選ぶ練習をする。

指導の**ポイント**

その日の気候や場面に応じて、体温調節ができるよう促す。季節の変わり目などにやると効果的。

手洗い体操で生活習慣を身につける

健康的な生活環境を作るために、手洗いの習慣を身につけておくのも大切。給食前や大休憩の後に、手洗いの歌を流し、曲に合わせて正しい手洗いの方法を練習する。曲に「手洗い体操」など、名前をつけておくと伝わりやすい。

手洗い体操だ

個別対応トレーニング 2 アウト？ セーフ？ どっちかなゲーム

【時間】10分　【形態】個別または少人数　【準備物】行動の一覧表

ねらい

周囲に迷惑をかける行動と許される行動の違いを具体的に認識し、授業中や生活の場面で生かせるようにする。

子どもの特性 ▶ 多動がある

指導の流れ

❶ 多動がある子が起こしやすい行動の一覧を作る。行動は具体的に示す。

✕ **アウト**	○ セーフ
言いたいことを思いついたら、身を乗り出して大声で叫ぶ	言いたいことがあるので、身を乗り出して手を挙げて、当ててもらうのを待つ
席に着いているとき、いすをガタガタ揺らす	席に着いているとき、音を立てない程度にときどき貧乏ゆすりをする
先生が話しているときや誰かが発表しているとき、キョロキョロ周りを見回す	発表している人のほうを顔を動かして見る
授業中、むやみに歩き回る	プリントを取りに行ったり、配ったりするときに教室内を歩き回る

❷ 一覧表に書かれた行動を教師が実際にやって見せ、その行動は「アウト」か「セーフ」かを子どもに判断させる。子ども同士でやってみてもよい。

これはアウト？セーフ？

おしりがいすから離れているからアウトかな

3 「アウト」の行動が、なぜアウトなのかを考え、「セーフ」との違いや、どうしたらセーフになるかを話し合う。

✕アウト
言いたいことを思いついたら、身を乗り出して大声で叫ぶ

なぜアウト？

 大声を出すのはダメだから

✕アウト
席に着いているとき、いすをガタガタ揺らす

 音を出すのがダメだから

〇セーフ
発表している人のほうを顔を動かして見る

これはセーフ？

 発表する人のほうを見るために動くのはOK

〇セーフ
プリントを取りに行ったり、配ったりするときに教室内を歩き回る

 プリントを配るなど、用があるときは、歩いてもOK

指導の**ポイント**

・多動な子を静止しようとすると余計に動くため、全部止めるのではなく、どこまでなら「セーフ」なのかを日頃から個別でやりとりしておく。

・一覧表にして普段見える場所に掲示しておくと確認しやすい。

・少人数でゲーム感覚でやると、楽しみながら学べる。

通常の学級での活動・配慮

動いてもよい時間を作り、行動をほめる

　よく動く子には、公に「動いてもよい時間」を作ってあげる。例えば、「発表している人を見ましょう」と声かけすれば、話す人のほうに「体を向けて見る」という行動ができ、じっとしていなくてすむ。「黒板を消してください」「プリントを配ってください」など、動くチャンスを与えることで、動きたい気持ちを発散させる。

指導の**ポイント**

多動を「どう抑えるか」でなく、「どう調整するか」と捉える。

2章

1 健康の保持

2 心理的な安定

3 人間関係の形成

4 環境の把握

5 身体の動き

6 コミュニケーション

❹ 障害の特性の理解と生活環境の調整に関すること

個別対応
トレーニング
3

ちょっと待って！ 考えてから動こう

【時間】10分　【形態】個別または少人数　【準備物】衝動的な場面イラスト

ねらい

衝動性による言動がトラブルの要因になることを理解し、場面を想定したトレーニングを繰り返すことで、衝動的に行動する前に、立ち止まって考えられるようにする。

子どもの特性 ▶ **衝動性が強い**

指導の流れ

1 子どもが衝動的に行動している場面が描かれたイラストを提示する。イラストでなくても、何人かで実演（ロールプレイ）してもよい。

2 ①の場面に対して、「こういうときは、どうしたらいいですか？」「あなたはどうしていましたか？」などと問いかけ、どのような言動をとればよいかを考える。または、何人かで話し合う。

3 子どもたちの意見をまとめ、適切な方法を指導する。アイデアが出ない場合は、「こんなやり方もあります」と助言する。

4 実際に衝動的な行動を起こしそうな場面になったら、その前に今回話し合ったことを思い出して、どうしたらよいかを考えるよう促す。

人のものは勝手に使わない。貸してほしいときは「貸して」という。

授業の前に文房具がそろっているか確認する。

指導の**ポイント**

・衝動的に行動した直後に注意をしても効果は薄いため、事前に注意喚起する必要がある。

・衝動性を抑える力を育てるには、時間がかかるので、根気強く指導することが大事。さまざまな場面を想定しておく必要がある。

通常の学級での活動・配慮

すぐに制止するのではなく、やり直すチャンスを与える

　衝動的な言動が表れたときに、すぐに制止したり、叱ったりするのではなく、「もう一度考えてみよう」「違う方法でやり直してみよう」と、改めて考えてから行動する機会を与える。

指導の**ポイント**

・普段から個別トレーニングを通じて、衝動性に関する指導をしていることが前提条件になる。

・トレーニングしても衝動的な反応は表れることを、教師は認識しておく。

・トレーニングしておくことで、衝動的な反応が表れたときに、「前に勉強したね」「こういうときに生かすんだよ」と具体的な指導ができる。

2章

1 健康の保持

2 心理的な安定

3 人間関係の形成

4 環境の把握

5 身体の動き

6 コミュニケーション

4 障害の特性の理解と生活環境の調整に関すること

授業での配慮 4

だるまさんが転んだ!

【時間】10分 【形態】少人数 【準備物】なし

ねらい

遊びのルールの中で、行動を制止する体験を繰り返し、衝動を抑えるトレーニングとする。

子どもの特性 ▶ 衝動性が強い

指導の流れ

1 校庭や体育館、スペースを広げた教室内などで、「だるまさんが転んだ」をする。教師または他の児童が鬼役をやる。

2 鬼が振り向くタイミングで、「動きをピタッと止める」ことをポイントとし、動きたいという衝動を抑えるトレーニングになるようにする。

3 「止まる」動きができるようになったら、「バンザイ」「ジャンプ」など、遊びをアレンジしてもよい。

指導のポイント

・「やりたいことを抑える」というトレーニングであることを意識する。

・衝動性を抑える力を育てるには時間がかかる。行動を制止するだけでなく、遊びを取り入れ、楽しみながらトレーニングを継続させる。

・同様の目的で「いす取りゲーム」もトレーニングとして活用できる。

通常の学級での活動・配慮

音楽を使って行動を切りかえる

時間の切りかえの合図に音楽を使用し、音楽が鳴ったら「遊びをやめて全員で片付ける」「掃除を始める」など、今やっていることをやめて、次の行動に移るようにする。言葉で指摘するだけでなく、切りかえを促す工夫が大切。衝動性が強い子には、学級で活動する前に、普段から個別トレーニングをしておく必要がある。

2
章

1 健康の保持

2 心理的な安定

3 人間関係の形成

4 環境の把握

5 身体の動き

6 コミュニケーション

❹ 障害の特性の理解と生活環境の調整に関すること

1 健康の保持 ❹ 障害の特性の理解と生活環境の調整に関すること

個別対応
トレーニング
5

タイムタイマーで5分集中！

【時間】5分　【形態】個別　【準備物】計算ドリル／タイムタイマー

ねらい

簡単な作業を連続的にさせ、集中して取り組める経験を重ねることで、集中することのイメージを育てる。

子どもの特性 集中が難しい

指導の流れ

① 子どもがスラスラ解けるレベルの計算ドリルとタイムタイマー※を用意する。

※残り時間が色で表示された、視覚的に残りの時間がわかるタイマー時計。

② タイマーを5分にセットし、色の部分がなくなるまで計算ドリルをやる。途中で「すごく集中できているね」などと声かけをして、集中力を持続させる。

赤がなくなるまで
やってみよう

今集中
できているね

指導のポイント

・課題は漢字練習など、別の内容でもよい。短い時間で集中しやすい課題を作ることが重要。

・声かけはトレーニングの最後ではなく、途中にする。途中の肯定的評価が子どもの意欲を伸ばす。集中力が伸びた経験をさせることが大事。

・タイマーが視界に入るのが気になる子には、アラームや残り時間を読み上げるアプリを利用するなど、音で知らせる。

通常の学級での活動・配慮

細かいスパンに区切る

授業中、個々で考える場面では、「2分間考えてみましょう」というように、短いスパンに区切って、集中しやすい環境を作る。5分でも集中できない子がいるので、時間は短めに設定するほうがよい。短めに区切ることでクラス全体の集中力がつく。時間が足りないときは追加する。

個別対応
トレーニング
6

こだわりのメリット・デメリットは なあに？

【時間】10分 【形態】個別 【準備物】メリット・デメリットの一覧表

ねらい

こだわることのメリット・デメリットについて考えることで、冷静に対応できる力や気持ちを切りかえる力を育てる。

子どもの特性▶ こだわりが強い

指導の流れ

❶ 自分のこだわりが強く出そうな場面を思い起こし、「こだわり行動」として挙げていく。

❷ その場面に対して、こだわることのメリット、こだわりすぎることのデメリットを考え、「メリット・デメリットの一覧表」に書きこむ。

こだわり行動	メリット	デメリット
自分が決めた順番通りに行動する	やることがわかっているので、時間内に準備や行動ができる	順番を間違えたときに納得いかなかったり、最初からやり直したりするので、時間に遅れる
目的地へは必ず同じルートで行く	慣れた道なので、スムーズにたどり着ける	一緒に行く人がいる場合や、別の場所にも行かなくてはいけない場合に対応できない
好きなことはやめたくない	好きなことに集中できる。熱中できる	別のやらなくてはいけないことがあっても、できない
行ったことのない場所には行きたくない	むやみに危険な場所に近寄らなくてすむ	みんなで遠足に行ったり出かけたりできない

❸ 場面は追加できるようにしておき、今後も書き足しや振り返りができるようにしておく。

指導の**ポイント**

・一覧表にしておくことで、落ち着いて自身の行動を振り返ることができる。

・トラブルが起きたときにも要素を書き足していくとよい。

・「こだわること＝悪いこと」ではない。好きなことにこだわるのは大事なことであり、積極的に伸ばす指導が大切。

クラスの中での役割を与え、こだわりを長所に転換する

例えば、「きれい好き」というこだわりが強い子には、黒板消し係やロッカー整理係になってもらうなど、こだわりが強みになるような役割を与える。

Sさん
「きれい」のこだわりが強い

役割を与える

指導のポイント

こだわりをクラスの中で生かしていくことで、本人も周りの子もストレスをためず、満足感が得られるようにする。

「まあいいか」と、気持ちを切りかえる

こだわりを通すことができない場面では、「まあいいか」といった言葉を使って、気持ちを切りかえられるようにする。気持ちを切りかえたほうが「遊びが続けられる」「みんなが楽しい気持ちでいられる」「怒らなくてすむので、暗い雰囲気にならない」などのメリットを伝えると子どもも受け入れやすい。

指導のポイント

「勝ち」「1番」にこだわる子に、ただ「負けてもいいんだよ」と声かけしても、結局は「負け」なので子どもは納得しない。「今日はあなたが先生です。だから1番はお友達に譲りましょう」「お友達の△△さんの誕生日なので、勝利をプレゼントしましょう」など、別の価値観があることを伝える。指導者の声かけにも工夫が必要。

2章

1 健康の保持

2 心理的な安定

3 人間関係の形成

4 環境の把握

5 身体の動き

6 コミュニケーション

❹ 障害の特性の理解と生活環境の調整に関すること

個別対応
トレーニング
7

感覚過敏を知ろう（聴覚）

【時間】10分　【形態】個別　【準備物】聴覚過敏の軽減に役立つ器具（イヤーマフなど）

ねらい

聴覚過敏を自覚し、症状を軽減する器具などがあることを知る。自分の症状に合うものを適切に活用することで、学習や生活をしやすくする。

子どもの特性▶ 聴覚過敏がある

指導の流れ

1 聴覚過敏について知る。どんなときにつらいのか、困るかなど具体的な場面を挙げる。

休み時間、クラスの子の話し声が
異常にうるさく感じる

救急車の
サイレン音が苦手

2 それらの症状は聴覚過敏から起こることを
説明し、症状を軽減するためにイヤーマフ
や耳栓などの器具があることを教える。

〈耳栓〉

〈イヤーマフ〉
騒音から耳を守るため
の防音保護具。耳全
体を覆い、ヘッドホンの
ような形をしている。

あぶない!

❸ イヤーマフを使用する際は、音を完全に遮断すると危険を知らせる音も聞こえなくなるなど、使用上の注意点を伝える。聴覚過敏のある子が、大きな音や苦手な音とかかわる方法を身につけられるよう支援する。

2章

1 健康の保持

2 心理的な安定

3 人間関係の形成

4 環境の把握

5 身体の動き

6 コミュニケーション

❹ 障害の特性の理解と生活環境の調整に関すること

指導の**ポイント**

- 聴覚過敏のほかにも、いくつかの感覚過敏（57ページ参照）があり、その表れ方は子どもによって異なる。

- 本人が聴覚過敏を自覚していないこともあるので、特定の音に耳をふさぐなど、日ごろの異変に気づくことが大切。

- 授業中に集中力がない、不登校になりがちなどの様子が、感覚過敏による二次トラブルの場合もあるので、注意深く見守る必要がある。

- 運動会のピストル音が苦手な子に、ノイズキャンセリングヘッドフォン（周囲の騒音を軽減する機能あり）の使用を認め、参加できるようになった例もある。

通常の学級での活動・配慮

聴覚過敏の困りごとを周知させ、補助器具の使用を認める

聴覚過敏がある人の困りごとをクラス全員で共有する。また、必要に応じてイヤーマフなどの補助器具を使うことを伝え、周りに受け入れられるように配慮する。

イヤーマフを使っているときは大声を出さないようにクラスで協力する。聴覚過敏であることを周囲に伝えるものとして、「聴覚過敏保護用シンボルマーク」があることも紹介する。

クワイエットアワーを設ける

「15分だけ黙って読書する」「10分間集中して絵を描く」など、誰も話をしないで静かにする時間「クワイエットアワー」を設けて、安心して過ごせる時間を作る。

聴覚過敏保護用シンボルマークの例

にがてなおとから まもるためのものです

指導の**ポイント**

補助器具だけでは解消できないこともあるので、子どもの悩みに合わせて配慮することが重要。学校外や大人にも困っている人がいることを、映像などを活用して伝えるのも効果的。

個別対応
トレーニング
8

感覚過敏を知ろう（視覚）

【時間】10分　【形態】個別　【準備物】視覚過敏の軽減に役立つ器具（サングラスなど）

ねらい

視覚過敏を自覚し、症状を軽減する器具などがあることを知る。自分の症状に合う
ものを適切に活用することで、学習や生活をしやすくする。

子どもの特性▶ 視覚過敏がある

指導の流れ

1 視覚過敏について知る。どんなときにつらいのか、困るのかなど具体的な場面を挙げる。

算数の問題を解こうとしたら、
プリントの白い紙で目がチカチカする

学年集会などの人混みで疲れる
（視覚情報の過多）

2 それらの症状は視覚過敏から起こることを
説明し、症状を軽減するために、偏光レンズ
付きサングラスや反射を抑える下敷きなど
があることを教える。

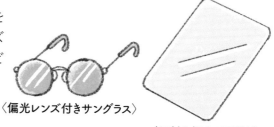

〈偏光レンズ付きサングラス〉

〈反射を抑える下敷き〉

感覚過敏の例

聴覚過敏
- 声がうるさくて教室に入れない
- チャイムのような突然に鳴る音が苦手
- 掃除機の音が苦手

視覚過敏
- 教科書や真っ白い紙がまぶしい
- 教室の蛍光灯がまぶしい
- 全校朝礼（人混み）は視覚情報が多すぎて疲れる

嗅覚過敏
- 柔軟剤や文具のにおいが不快
- 床のワックスのにおいで気分が悪くなる

味覚過敏
- 食感や舌触りが苦手で食べられない
- 濃い味付けは苦手

触覚過敏
- 風が皮膚に当たると痛い
- マスクをつけると不快
- くすぐられるのを極端に嫌がる

指導のポイント

- 視覚過敏のほかにも、いくつかの感覚過敏（上記参照）があり、その表れ方は子どもによって異なることを理解する。

- 本人が視覚過敏を自覚していないこともあるので、教室に入るとまぶしそうにしているなど、普段の様子に気づくことが大切。

- 目を見て話せない、やる気がなさそうなどの様子が、視覚過敏による二次トラブルの場合もあるので、注意深く見守る必要がある。

通常の学級での活動・配慮

視覚過敏の困りごとを理解し、補助器具の使用を受け入れる

視覚過敏がある人の困りごとをクラス全員で共有する。必要に応じて偏光レンズ付きサングラスなどの補助器具を使うことを伝え、周りに受け入れられるように配慮する。また、座席は照明や窓からの光が刺激にならない場所を考慮する。

指導のポイント

補助器具の使用だけでなく、子どもの悩みに合わせて配慮する。ホワイトボードや白い紙が刺激になる場合は使用しないようにする。目を集中して使うと気分が悪くなるケースがあることも、気にかけておく。

2章

1 健康の保持
2 心理的な安定
3 人間関係の形成
4 環境の把握
5 身体の動き
6 コミュニケーション

❹ 障害の特性の理解と生活環境の調整に関すること

個別対応
トレーニング
9

感情チップで気持ちを表そう

【時間】10分　【形態】個別　【準備物】感情チップ

ねらい

人の気持ちがわかりにくいことを自覚する。さまざまな感情を体験しながら、相手の
気持ちを想像する力、理解する力や、相手の表情から気持ちに気づく力を育てる。

子どもの特性 ▶ **人の気持ちがわかりにくい**

指導の流れ

1 顔の表情が描かれた感情チップ（カード）を見せ、それぞれの表情がどんな気持ちなのかを
想像する。

（例）

うれしい

楽しい

悲しい

くやしい

つまらない

びっくりする

イライラする

恥ずかしい

② さまざまな場面を提示し、「こんなときは、どんな気持ちですか?」と問いかけ、感情チップを選ぶ。他者の感情についても想像してみる。

③ 選んだ理由を聞きながら共感したり、「こんなふうに思う人もいるよ」と、別の受け取り方があることを助言したりする。

荷物を運ぶのを友達が手伝ってくれた

友達に悪口を言われた

指導の**ポイント**

さまざまな場面を想定して、「自分の言動で相手はどう思うか」「相手はどんな気持ちなのか」を考える。トレーニングは、長時間行う必要はなく、短時間で取り組むとよい。

通常の学級での活動・配慮

自分の気持ちを伝えることから意識する

人の気持ちがわかりにくい子どもは、相手が何を考えているかがわからないので、悩んだりトラブルになったりする。まずは、「手伝ってくれてうれしかった」など、自分の気持ちを伝えることから意識するとよい。

また、クラス全体に指導することで、互いのコミュニケーションがうまくいくようになり、相手の気持ちが理解できるようになる。

指導の**ポイント**

・みんなに気持ちを伝えていくことや、わかりやすい言い方を工夫することが大事だと指導していく。

・道徳の時間を使って、人の気持ちを考えることや自分の気持ちを伝えることなどについて指導してもよい。

2章

1 健康の保持

2 心理的な安定

3 人間関係の形成

4 環境の把握

5 身体の動き

6 コミュニケーション

❹ 障害の特性の理解と生活環境の調整に関すること

個別対応
トレーニング
10

「こんなとき、どうする?」を考えよう

【時間】5〜10分　【形態】個別　【準備物】学校生活場面カード

ねらい

さまざまな場面に応じたソーシャルスキルトレーニングに取り組むことで、丁寧に
情報をくみ取る力を習得する。

子どもの特性 ▶ **状況判断が難しい**

指導の流れ

1 学校や家庭での場面が描かれた絵
カードを提示し、「どんな場面だと思い
ますか?」と、絵から読み取れる状況を
問いかける。

> **例**
>
> 掃除の時間。Aさんが「野球やろう」と、Bさ
> んに声をかけてきた。

2 「こういうときはどうしたらいいです
か?」と、AさんとBさん、それぞれの立
場での行動を考える。また、適切な方
法も指導する。

指導の**ポイント**

1つの場面に時間をかけて取り組むより、
毎回違う場面を想定して、さまざまな状
況判断のパターンを身につけることを優
先する。

通常の学級での活動・配慮

グループ活動を取り入れ、
状況判断する場面を増やす

　授業の中で少人数のグループ活動の時間を
取り入れると、一斉授業のときよりも、自分ごと
として考え、自分の役割を意識する場面が増え
る。また、グループ活動によって、できないこと
や苦手なことを助け合えるというメリットもあ
る。ただし、図工のような個別作業が主になる
教科では、グループ活動は向かない。

2章
1 健康の保持
2 心理的な安定
3 人間関係の形成
4 環境の把握
5 身体の動き
6 コミュニケーション
4 障害の特性の理解と生活環境の調整に関すること

1 健康の保持 ❹ 障害の特性の理解と生活環境の調整に関すること

個別対応
トレーニング
11

作戦立ててドッジボール

【時間】20分　【形態】集団　【準備物】作戦ボード

ねらい

チームスポーツに取り組むことで、その場の状況を判断し、適切な行動を理解する。

子どもの特性 ▶ **状況判断が難しい**

指導の流れ

1 チーム分けをし、ドッジボールの基本的なルールを説明する。

2 作戦ボードなどを使い、チームで作戦を立てる。

> **例**
> ・外野は誰が担当するか
> ・内野は誰が中心になって攻めていくか
> ・パス回しはどうするか

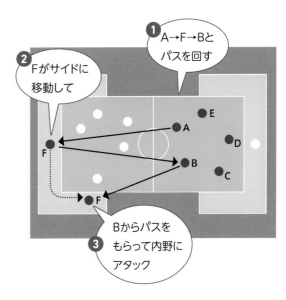

① A→F→Bとパスを回す

② Fがサイドに移動して

③ Bからパスをもらって内野にアタック

3 チームで作戦を生かしながら、ドッジボールをする。

4 ゲーム終了後、作戦が生きてよかった点や次への改善点など、振り返りをする。

指導の**ポイント**

状況判断はスポーツの場面で必要とされることが多い。子どもが楽しみながらトレーニングできるので、取り入れやすい。

通常の学級での活動・配慮

状況判断して動くチームスポーツを授業に取り入れる

　サッカーや野球などの球技は、状況判断しながら動くスポーツとしてトレーニングにもなる。例えば、体育にサッカーを取り入れ、「ゴール前にボールが転がりました。あなたはどこに走りますか?」のように問いかければ、考えて動く練習になる。授業の最初にチームごとに作戦を立てる時間を設けてもよい。

個別対応
トレーニング
12

まちがいさがし

【時間】10分　【形態】個別　【準備物】まちがいさがしのプリント

ねらい

2つの絵を見比べて違いを探していくことで、細かい部分を見るコツを知り、細かい形を認識できるようにする。

子どもの特性 ▶ 細かい形の認識が弱い

指導の流れ

❶ まちがいさがしのプリントを用意する。あらかじめ、まちがいの数を確認して欄外などに記入することで、子どもに見通しをもたせる。

❷ プリントを配布する。2枚の絵を見比べて、違う箇所を探す。まずは、子ども自身にやってもらう。

❸ まちがいさがしのコツを教える。コツを意識しながら、2枚の絵を見比べて答えを確認する。見方のコツは、次回にも役立てられるように覚えておく。

コツ1

まずは女の子、次は男の子、犬、空……など、対象を1つにしぼって見比べる。

コツ2

2つの絵に定規や紙を当て、少しずつずらして見ていくなど、絵の中の同じ位置を集中して見比べる。

指導の**ポイント**

細かい形を認識する力が弱い子は、漠然と見ていることが多い。そのため、「どの部分を見たらよいか」という見方のコツを教えることが大切。まちがいの数は3個くらいから始めて、5個、7個とレベルアップしていくと飽きずに取り組める。

通常の学級での活動・配慮

配布物は見やすく、大きく

形を捉えるのが苦手な子には、A4→B4、B4→A3と、通常より大きなサイズで印刷したものを用意する。また、拡大教科書が利用できるよう配慮する。デジタル教科書の拡大機能なども活用するとよい。

まちがいさがし

2 章

1 健康の保持

2 心理的な安定

3 人間関係の形成

4 環境の把握

5 身体の動き

6 コミュニケーション

❹ 障害の特性の理解と生活環境の調整に関すること

個別対応
トレーニング
13

点つなぎ

【時間】10分　【形態】個別　【準備物】点つなぎのプリント

ねらい

細かい部分を見るときのコツを知り、見本の図形を観察して正確に書き写していくことで、細かい形を認識できるようにする。

子どもの特性▶ 細かい形の認識が弱い

指導の流れ

1 点つなぎのプリントを用意する。正方形の中に3×3の点と点をつなぐ図形を見本とする。

2 見本と同じように点と点を線でつないで図形を描く。

3 点つなぎのコツを教える。

4 コツを覚えたら、点の数を増やし、難易度を上げて取り組んでいく。

コツ1
「スタートは一番上の段、左から2つ目」のように、点の位置を確認する。

コツ2
複雑な形に取り組む場合は、「まず上の三角形、その下の四角形……」などと、図形をいくつかのパーツに分けて完成させる。

指導のポイント

細かい形を認識する力が弱い子どもは、細かいところを見ずに漠然と見ていることが多い。「どこから始めたらよいか」「部分ごとに描いていく」など、コツを教える。

通常の学級での活動・配慮

読みやすい書体を選ぶ

プリント類を作成する際、書体はゴシック体やUD（ユニバーサルデザイン）フォントなどを選び、誰にでも読みやすくなるよう工夫する。

読みやすい書体例

（ゴシック体）
点と点を結んで、図形をかこう。
（UDフォント）
点と点を結んで、図形をかこう。

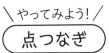

点つなぎ

見本

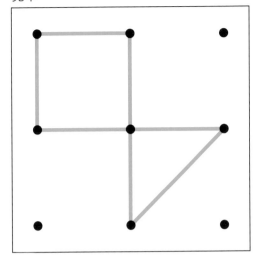

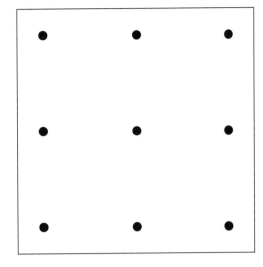

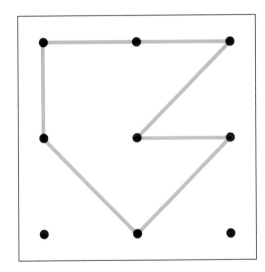

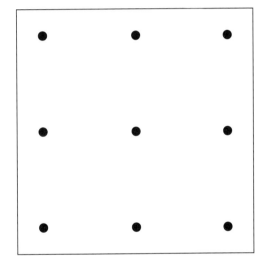

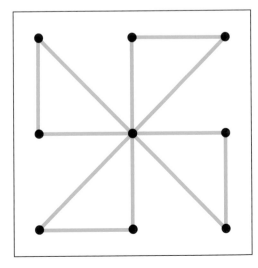

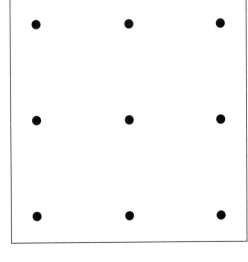

2章

1 健康の保持

2 心理的な安定

3 人間関係の形成

4 環境の把握

5 身体の動き

6 コミュニケーション

❹ 障害の特性の理解と生活環境の調整に関すること

個別対応
トレーニング

14 聞いて聞いてQ&A

【時間】15分　【形態】個別・少人数　【準備物】なし

ねらい

耳から情報を得ることに集中することで、注意深く聞く力や集中して聞く力、最後まで聞く力を育てる。

子どもの特性 ➡ 集中して聞く力が弱い

指導の流れ

❶ Q1　どこがちがう?
子どもたちに集中して聞くように呼びかけてから、AとBの文章をゆっくりと読み上げる(文章は見せない)。2つの文章は、1か所だけ言葉を変えたものにする。

❷ 2つの文章を聞き比べて、違う内容を探す。

❸ Q2　よく聞いてから答えよう
3〜4文程度の短い文章を読み聞かせ、文章の内容を問う問題をいくつか出す。

❹ Q3　どこがへん?
文脈がおかしい文章を読み上げ、どこがおかしいかを問う。

指導のポイント

・目を閉じて聞いたほうが集中できる場合には、目を閉じるよう促す。

・絵本の読み聞かせでも同様のトレーニングができる。事前に「○○さんがどこに行ったのかを聞きますよ」などと伝えておくことで、注目すべき点が明確になり、集中して聞きやすくなる。

Q1　どこがちがう?
A　ユウキさんは赤いシャツを着ています。
B　ユウキさんは赤いブラウスを着ています。

Q2　よく聞いてから答えよう
　日曜日、メイさんはお母さんに「お昼にみんなで食べるパンを買ってきて」と頼まれました。そこで、お父さんとパン屋さんに出かけました。途中で、駅に向かうタクミくんとタクミくんのお母さんに会ったので、「こんにちは」とあいさつをしました。

Q2-1 メイさんは誰と出かけましたか?
Q2-2 メイさんは何をしに出かけましたか?
Q2-3 タクミくんは誰といっしょにいましたか?

Q3　どこがへん?
A　お花屋さんには、チューリップ、バラ、スカート、カーネーションが売られています。
B　明日はクリスマスなので、鯉のぼりを飾ります。

通常の学級での活動・配慮

視覚でもわかる指示出しを

　「教科書159ページの6〜8番の問題をやりましょう」などと口頭で指示するときは、黒板にも書いて視覚化し、子どもが聞き取れなくても見てわかるようにする。

1 健康の保持　❹ 障害の特性の理解と生活環境の調整に関すること

PDF
15
スリーヒント
かるた

2章

1 健康の保持

2 心理的な安定

3 人間関係の形成

4 環境の把握

5 身体の動き

6 コミュニケーション

❹ 障害の特性の理解と生活環境の調整に関すること

個別対応
トレーニング
15

スリーヒントかるた

【時間】10分　【形態】個別・少人数　【準備物】スリーヒントかるた

ねらい

耳から得る情報に集中することで、注意深く聞く力や集中して聞く力、最後まで聞く力を育てる。

子どもの特性 ▶ 集中して聞く力が弱い

指導の流れ

1 スリーヒントかるたを用意する。読み札には3つのヒントが書かれていて、絵札(取り札)にはヒントに合った絵が描かれている。似たような絵札を何枚か用意する。

2 子どもは絵札に背を向けて、読み手のほうに顔を向ける。

3 読み手が読み札に書かれた3つのヒントを1つずつ読み上げる。

> ヒント1　髪が長い子です
> ヒント2　水玉のTシャツを着ています
> ヒント3　花に水をあげています

4 「スタート」の号令で、子どもは3つのヒントに一致する絵札を探す。

指導の**ポイント**

・絵札を見ながらヒントを聞くと、目で見て探すことが優位になる。絵札を見せないことで聞くことに集中させる。

・かるたは市販品(スリーヒントカード、スリーヒントゲームなど)も活用できる。

通常の学級での活動・配慮

静かにするタイミングをルール化

　普段から、聞き取りやすい環境を作るように配慮する。誰かが話しているときは途中で口を挟まず、最後まで静かに聞くというルールをクラスで作るのもよい。「これから大事なことを言うので、話を止めましょう」と、教師が事前にひと声をかけるだけでも静かな環境は作ることができる。

◆「特別支援学校のセンター的機能」の活用を
　特別支援学校は「特別支援学校のセンター的機能」を果たす役割があるため、地域の学校教師や保護者に対して教育相談などにも対応している。子どもの聞き取り検査についても相談できる。

自立活動の内容　6区分27項目

心理的な安定

「2 心理的な安定」の区分では、自分の気持ちや情緒をコントロールして、変化する状況に適切に対応すること、また、障害による学習上または生活上の困難を改善・克服する意欲を向上することをねらいとしています。自立活動を行ううえで必要な要素と関連する内容は、以下の3項目に分類されます。

小学部・中学部学習指導要領　第7章の第2の2より

区分　2 心理的な安定

項目
(1) 情緒の安定に関すること。
(2) 状況の理解と変化への対応に関すること。
(3) 障害による学習上又は生活上の困難を改善・克服する意欲に関すること。

例えば、こんな子……

☐ 不安が強く、情緒不安定
☐ 愛着に課題がある
☐ 周りの様子や状況を見て行動するのが苦手
☐ 衝動性が強い
☐ 不器用さがある　　　　　　　　など

2章

1 健康の保持

2 心理的な安定

3 人間関係の形成

4 環境の把握

5 身体の動き

6 コミュニケーション

各項目における自立活動の指導内容

（1）情緒の安定に関すること。

ねらい 情緒の安定が難しい子どもたちが、安定した情緒で生活できるようにする。

指導内容 なぜ情緒不安定になっているのかを考え、その要因に着目する必要がある。不安が強く、不安感情を避けるために情緒不安定になっている場合は、不安を否定せずに気持ちや行動を切りかえる方法を教える。愛着障害がある場合は、子どもの存在を受け入れ、コミュニケーションを重ねる。また、長所を伸ばし、自信をつけさせるのも効果的。

トレーニング ▶▶ 70 〜 73ページ

（2）状況の理解と変化への対応に関すること。

ねらい 場所や場面の状況を理解することで、心理的な抵抗感を減らす。変化する状況を理解して適切な行動の仕方を身につける。

指導内容 変化する状況に気づくアハ体験、場面を整理して論理的に考える推理クイズなどのトレーニングを行う。授業の中では、課題や作業内容が変わるときに切りかえの合図などを決めて、本人が気づきやすいように配慮する。

トレーニング ▶▶ 74 〜 77ページ

（3）障害による学習上又は生活上の困難を改善・克服する意欲に関すること。

ねらい 自分の障害の状態を理解し、受け入れ、障害による困難を主体的に改善・克服しようとする意欲をもつ。

指導内容 障害の状態を理解・受容するとは、診断名を知ることではなく、自分の特性を知るということ。例えば、「衝動性が強い」という特性を自覚したうえで、場面カードを使って適切な言動を客観的に考える。「不器用さがある」場合は、運筆トレーニングをスモールステップで行えるような課題を設定する。

トレーニング ▶▶ 78 〜 85ページ

個別対応
トレーニング
16

不安になると、どうなる?

【時間】 5 〜 10分　**【形態】** 個別　**【準備物】** メリット・デメリット記入シート

ねらい

不安をもつことを否定せず、情緒不安定になる原因を考え、不安になっても気持ちや行動を切りかえられるようにする。

子どもの特性▶ 不安が強く、情緒不安定

指導の流れ

❶ 自分が不安な気持ちになる場面を思い起こす。不安な気持ちになると、どんな様子になるかを考える。何人かいる場合は話し合う。

❷ 考えたことや話し合ったことをプリントに記入する。

不安になると……

デメリット（悪いこと）

やる気がなくなる
気持ちが不安定になる
焦ってしまう
気になってほかのことができなくなる
イライラする

メリット（よいこと）

慎重に行動できる
人に助けや助言を求めようとすることができる
過去の経験を振り返ることができる
先の見通しを立てることができる

不安は悪いことばかりではない!

❸ 不安になるのはデメリットばかりではなく、メリットもあり「慎重に行動できる」などのよい点を生かせることを伝える。「不安な気持ちは悪いことではない」ということを子どもが理解して、不安と向き合っていけるようサポートする。

〇〇さんは
よく考えて行動
できるのですね

2章

1 健康の保持

2 心理的な安定

3 人間関係の形成

4 環境の把握

5 身体の動き

6 コミュニケーション

❶ 情緒の安定に関すること

指導の**ポイント**

・不安になりそうな場面を定期的に見直したり、メリット・デメリットなどの情報を追加したりすることも有効。

・子どものさまざまな問題行動の背景に不安があることが、近年の研究によってわかってきている。不安をもつこと自体は悪いことではないことを理解してもらう。

・例えば、学校を数日休んで勉強が遅れそうなときや友達とケンカしたときなど、ケースに合わせてメリット・デメリットを一緒に判断していく。定期的に振り返ってもよい。

通常の学級での活動・配慮

大丈夫だよ
そのまま
やってみよう

安心できるように、
取り組みの途中に声かけする

　不安が強い子どもは、1つ1つに対して常に「これでいいのかな?」と思いながら取り組むため、動けなくなったり止まったりしてしまうことがある。子どもの様子を注意深く見て、何かに取り組んでいる最中に、「それでいいよ」「大丈夫だよ、進んでごらん」などの声かけを行い、子どもが前進できるようにサポートする。

指導の**ポイント**

子どもが取り組み終えた後ではなく、取り組みの途中で肯定的な評価と不安を解消できるような声かけをする。

**個別対応
トレーニング**

17

お悩み相談室　Part1

【時間】5 ～ 10分　【形態】個別　【準備物】お悩み相談室のプリント

ねらい

一般的な対人関係のトラブル対処法について、当事者ではない立場で考えることで、客観的な視点を身につける。

子どもの特性 愛着に課題があり、情緒不安定

指導の流れ

1 親子関係や人間関係などに関する「お悩み相談室」のプリントを提示し、自分だったらどんなアドバイスをするか記入する。

お悩み1

Aさんとお母さんがスーパーに買い物に行きました。Aさんがお菓子をたくさん持ってきて「これ買って!」と何度もわがままを言うので、お母さんが困っています。あなたならAさんにどんなアドバイスをしますか。

お悩み2

BくんはCくんに借りたマンガにシミをつけてしまいました。Cくんが怒ったので、BくんはCくんをたたきました。あなたならBくんにどんなアドバイスをしますか。

② 子どもの回答をもとに、対人関係のトラブル対処法について話し合う。例えば、「たたかないでまず謝るというのは、とてもよい方法ですね」と認めたり、「お菓子を減らすのはいい案ですね。お母さんの気持ちも聞いてみるのはどうかな?」と提案したりすることで、客観的な視点を身につけさせる。

よごれているじゃないか‥‥

ごめん

ジュースがこぼれちゃって

たたかないでまず謝る

指導の**ポイント**

・愛着の課題について教師が正しく理解しておくことが前提になる。愛着障害とは、乳幼児期に何らかの原因で養育者との間に愛着が十分に形成されないこと。愛着障害がある子は対人関係のトラブルを抱えやすい、自尊心をもてないなどの問題を抱えている。

・子どもの目を見てしっかり話を聞くなど、子ども自身が「自分は大事にされている」と感じられるようなコミュニケーションを積み重ねることが大切。

・ここでのトレーニングは、子どもが抱えている課題ではなく、一般的な対人関係の例でよい。

・書くのが苦手な子の場合は、口頭でやりとりしてもよい。

通常の学級での活動・配慮

ここの問題はね

そっか!

ミニ先生

指導の**ポイント**

・教科だけでなく、「生き物を大切に育てている」「花瓶の水を入れかえてくれる」など、生活面でのいいところも見つけてあげるとよい。

得意分野で「ミニ先生」になってもらい、自信をつけさせる

子どもが得意なことは積極的に伸ばし、自信をつけさせる。例えば、計算が早くできる子なら「自分の問題が終わったら、グループの人にも教えてあげてください」と「ミニ先生」になってもらい、友達から「ありがとう」と言ってもらえるような機会をつくる。人の役に立ち、認められていることを自覚できれば、心の安定につながる。

「あなたは、みんなにとってかけがえのない仲間です」というメッセージを本人に伝え、クラス全員で共有することが大切。

2章

1 健康の保持

2 心理的な安定

3 人間関係の形成

4 環境の把握

5 身体の動き

6 コミュニケーション

❶ 情緒の安定に関すること

個別対応
トレーニング

18 アハ体験クイズ Part1

【時間】5分　【形態】個別・少人数　【準備物】アハ体験のクイズ動画

ねらい

画像の変化を見つけるアハ体験クイズで、周りの様子をしっかりと観察し、変化する状況に気づけるようにする。

指導の流れ

1 授業で使うアハ体験動画を事前に選び、動画を流す環境を整えておく。

> **アハ体験動画**
>
> 画像の一部が徐々に変化していくクイズ動画。どこが変化したのかに気づいたり、ひらめいたりすることで脳が活性化する「アハ体験」ができる。動画は、「YouTube」などの動画共有サイトで探すことができる。

2 アハ体験動画を流し、画像が変化した部分を子どもに見つけてもらう。

3 見つけるのが難しい場合は、「画面の真ん中より上のほうに注目して」などのヒントを出す。

4 答え合わせをする。

> 黒板消しが大きくなっている

指導のポイント

・少人数のときは、誰が最初に変化に気づけるかをゲーム形式にしてもよい。

話を聞く、作業するなど、場面の切りかわりを合図で示す

授業中に課題を変えるときや、人の話を聞く場面から作業に取り組む場面に切りかえるとき、注目するときなどの合図を決めておく。

書く場面になったら黒板に鉛筆のマークを張る、静かにする場合は「静かに」という言葉やマークを書いたうちわを掲げるなど、場面の切りかわりを子どもが気づけるように工夫する。

ピクトグラムで、学校以外の場でも図が示す情報を広く理解する

「ピクトグラム」と呼ばれる案内用図記号は、誰が見ても、ひと目で情報を理解できるように考えられた記号があることを紹介する。公共交通機関や公共・観光施設などに提示されているピクトグラムを見て、情報を理解できるようにすると、実生活にも役立つ。

案内
Information

案内所
Question & answer

病院
Hospital

警察
Police

お手洗
Toilets

男性
Men

女性
Women

飲料水
Drinkingwater

喫煙所
Smoking area

障害のある人が
使える設備
Accessible facility

エレベーター
Elevator

エスカレーター
Escalator

国土交通省　案内用図記号(JIS Z8210)より

2章

1 健康の保持

2 心理的な安定

3 人間関係の形成

4 環境の把握

5 身体の動き

6 コミュニケーション

❷ 状況の理解と変化への対応に関すること

個別対応
トレーニング
19

推理クイズに挑戦！ 初級

【時間】5 〜 10分　【形態】個別・少人数　【準備物】推理クイズ初級のプリント

ねらい

論理的に考えて解く推理クイズに取り組むことで、場面や状況を整理しながら考える力をつけていく。

指導の流れ

1 推理クイズ「停めるのはどこ？」のプリントを配る。

停めるのはどこ？

働く車が仕事を終えて、駐車場に帰ってきました。
1 〜 3の中で、それぞれの車を停める場所は決まっています。
どの車が何番の駐車場に停めるのか、下のヒントから当ててみよう。

1	2	3

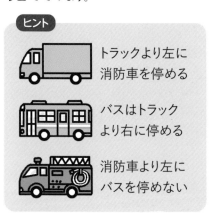

ヒント

トラックより左に
消防車を停める

バスはトラック
より右に停める

消防車より左に
バスを停めない

---

2 ヒントをよく読んで、車を停める場所を推理して記入する。

3 それぞれの推理は発表し合う。答え合わせをする。

答え：1 消防車　2 トラック　3 バス

指導のポイント

・設問は、イラスト問題でも文章問題でもよい。

・時間内にわからなければ、ヒントを出したり答えを教えたりしてもよい。わかるまで続けると、子どもにとって嫌なことになってしまう。

2 心理的な安定　❷ 状況の理解と変化への対応に関すること

PDF
20
推理クイズ
上級

2章
❶ 健康の保持
❷ 心理的な安定
❸ 人間関係の形成
❹ 環境の把握
❺ 身体の動き
❻ コミュニケーション
❷ 状況の理解と変化への対応に関すること

個別対応
トレーニング
20

推理クイズに挑戦！ 上級

【時間】5 〜 10分　【形態】個別・少人数　【準備物】推理クイズ上級のプリント

ねらい

論理的に考えて解く推理クイズに取り組むことで、場面や状況を整理しながら考える力をつけていく。

指導の流れ

1 推理クイズ「食べたのは誰?」のプリントを配る。

食べたのは誰?

外出していたお母さんが家に帰ると、冷蔵庫に置いてあったお客さん用のケーキがなくなっていました。食べたのは、留守番をしていた四兄弟の一人です。お母さんが四兄弟に順番に話を聞くと、こんなふうに答えました。

ぼくが
食べたんだ。
ごめんなさい

一郎

食べたのは
一郎兄さんでは
ないよ!

二郎

僕は
食べてないよ!

三郎

そうだよ。
三郎兄さんは
食べてない

四郎

● 犯人は必ず嘘をついています。
● 犯人以外の人は、本当のことを言っているのか、嘘をついているのかわかりません。

さて、ケーキを食べたのは誰でしょう。

---

2 誰が食べたかを推理して、記入する。

3 それぞれの推理を発表し合う。答え合わせをする。

答え：ケーキを食べたのは三郎

指導のポイント

・少人数の場合は、子ども同士でディスカッションしながら答えを見つけてもよい。

・難しい場合は、教師が状況を整理する作業を助ける。

個別対応
トレーニング
21

もう1回考えて、次はどうする?

【時間】10分　【形態】個別　【準備物】トラブルの場面カード

ねらい

衝動性が強いことを自覚したうえで、よく考えて言葉を選んでから発言していく習慣をつける。

子どもの特性 ▶ 衝動性が強い

指導の流れ

1 衝動性によりトラブルが起きている様子を表した場面カードを提示する。文章で書かれたプリントでもよい。

トラブル

掃除の時間、机を運んでいたAさんは、ほうきで掃き掃除をしていたBさんとぶつかってしまいました。Aさんは思わず「バカヤロー!　なにやってんだよ!」と強い言い方をしてしまい、2人はケンカになりました。

バカヤロウ!

イタッ!

Aさん　　Bさん

---

2 思わず言った言葉ではなく、少し考えて、どんな言い方をしたらケンカにならなかったかを考える。少人数の場合は話し合いをする。

❸ 衝動的な言動はトラブルの原因になってしまうこと、反対に、少し考えてから言葉を選ぶと失敗しなくてすむことを理解させ、衝動性を抑える習慣をつける。

Aさん　Bさん

「バカヤロウ！」じゃなくて、「痛い！」と言えばよかったと思う

「痛い！」と言うだけなら、Bさんもすぐ謝っただろうし、ケンカにならなかった

Bさんだってぶつかって痛かったかもしれない。「大丈夫？」って声をかけることもできた

指導の**ポイント**

・衝動性が強いことを自覚したうえで、トラブルが起きそうな場面を例にトレーニングする。

・国語や算数などの教科でも、指導者が発問した直後に、衝動的に子どもが出した答えはいったん横に置いて、もう一度よく考え直してから発言してもらう練習をしていく。

通常の学級での活動・配慮

今日は約束を守っているね

授業の最初に注意喚起し、できていることを認める

　授業の最初に、「今日は授業中に立ち歩かないで、いすにおしりをつけたまま勉強しよう」など、衝動的な反応に対する望ましい行動を示す。それによって、子どもは指示されたことを意識しながら衝動的な行動を抑えようとする。また、途中経過でも「今日は約束を守っているね」「座って勉強したほうが、問題がスラスラ解けるよ」など、タイミングを見ながら定期的に声をかけていく。

指導の**ポイント**

・衝動的な行動によって失敗してから注意するのではなく、失敗しないように最初に指示してから取り組ませることが大切。

・指示されたことを子どもが意識しながら行動できるよう、途中にも、できていることをほめたり、前向きになれるような言葉をかけたりしていく。

2章

1 健康の保持

2 心理的な安定

3 人間関係の形成

4 環境の把握

5 身体の動き

6 コミュニケーション

❸ 障害による学習上又は生活上の困難を改善・克服する意欲に関すること

個別対応
トレーニング
22 鉛筆くるくる

【時間】5 〜 10分　【形態】個別　【準備物】鉛筆くるくるのプリント

ねらい

不器用さがあることを理解したうえで、鉛筆を使ったスモールステップで行える課題に取り組み、不器用を克服していく。

子どもの特性▶ 不器用さがある

指導の流れ

1 文字がうまく書けなかったり、マス目からはみ出したりするのは、手先が不器用であることが原因で、それを克服すればうまくいくということを子どもに伝える。

2 鉛筆の正しい持ち方を伝えたうえで、鉛筆をくるくる回しながら円を書いたり、枠の中を塗りつぶしたりするトレーニングを行う。

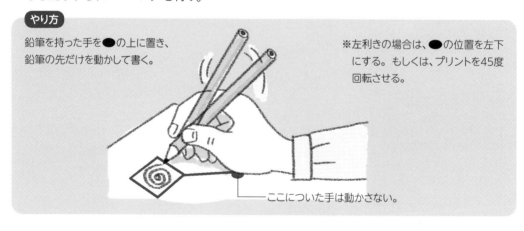

やり方

鉛筆を持った手を●の上に置き、鉛筆の先だけを動かして書く。

※左利きの場合は、●の位置を左下にする。もしくは、プリントを45度回転させる。

ここについた手は動かさない。

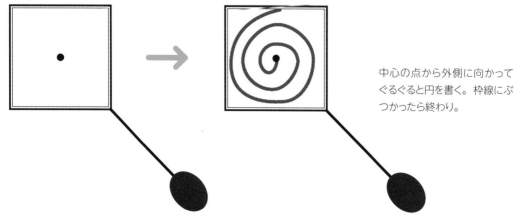

中心の点から外側に向かってぐるぐると円を書く。枠線にぶつかったら終わり。

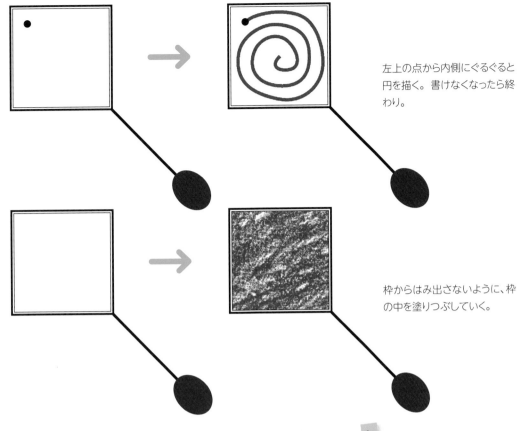

左上の点から内側にぐるぐると円を描く。書けなくなったら終わり。

枠からはみ出さないように、枠の中を塗りつぶしていく。

3 くるくるの円を何周書けたかを数える。「前よりも1周多く書けたね」などの声かけをし、成果を認める。

指導の**ポイント**

・不器用さがあることを自覚したうえでトレーニングすることが重要になる。

・毎日少しずつ練習し、前回よりうまく書ければよい。一度に多くやる必要はない。

2章

1 健康の保持

2 心理的な安定

3 人間関係の形成

4 環境の把握

5 身体の動き

6 コミュニケーション

❸ 障害による学習上又は生活上の困難を改善・克服する意欲に関すること

通常の学級での活動・配慮

今日は半分まで書いてみようね

器用な子と同じゴールにしないで、徐々に達成できる目標を設定する

　不器用な子は、最初からほかの子と同じようにできなくてもよい。例えば、ノートに描く円が途切れ途切れになっていても、「今日は円が半分まで途切れないように書いてみよう」など、少しずつできることを増やしていくようにする。子どものやる気がなくならないよう、スモールステップで達成できる目標を設定する。

授業での
配慮
23

鉛筆つんつん

【時間】5 ～ 10分　【形態】個別　【準備物】鉛筆つんつんのプリント

ねらい

不器用さがあることを理解したうえで、鉛筆を使ったスモールステップで行える課題に取り組み、不器用を克服していく。

子どもの特性▶　不器用さがある

指導の流れ

1 文字がうまく書けなかったり、マス目からはみ出したりするのは、手先が不器用であることが原因で、それを克服すればうまくいくということを子どもに伝える。

2 鉛筆の正しい持ち方を指導したうえで、鉛筆の先を動かすトレーニングを行う。

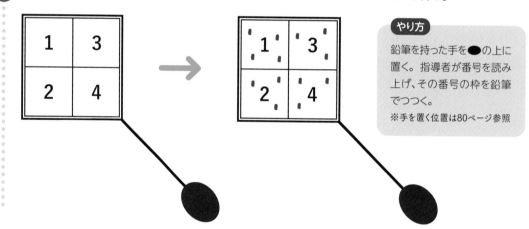

やり方

鉛筆を持った手を●の上に置く。指導者が番号を読み上げ、その番号の枠を鉛筆でつつく。

※手を置く位置は80ページ参照

指導のポイント

・鉛筆を持った手を固定して、鉛筆の先だけを小刻みに動かす。

・順番を変えたり、子ども自身が順番を決めたりしてもよい。

通常の学級での活動・配慮

不器用をフォローする文具を使用

円を描きやすいコンパス、ずれにくい定規など、不器用な子どもでも使いやすい文具の使用を認めることも配慮になる。

2 章

1 健康の保持

2 心理的な安定

3 人間関係の形成

4 環境の把握

5 身体の動き

6 コミュニケーション

❸ 障害による学習上又は生活上の困難を改善・克服する意欲に関すること

2 心理的な安定 ❸ 障害による学習上又は生活上の困難を改善・克服する意欲に関すること

個別対応トレーニング **24**

光るペンで筆圧コントロール Part1

【時間】5 〜 10分　【形態】個別　【準備物】光るボールペン

ねらい

不器用さにより筆圧が弱いことを理解したうえで、筆圧を調節できるようにする。

子どもの特性 不器用さにより筆圧が弱い

指導の流れ

1 筆圧が弱く、書く文字が薄くなるのは、不器用さが原因で、力の加減がわかってくるとはっきりとした文字が書けるようになることを子どもに伝える。

2 光るペンの使い方を説明する。

> **【光るペン】**
> 書くことでペン先が押されてヘッド部分が光るしくみになっていて、強く書けば光り、弱く書けば光らない。暗いところでも書けるライト付きのペンとは異なる。

3 光るペンを使って、筆圧を意識しながら文字を書く練習をする。「光らせて書こう」「光らせずに書こう」と指示し、光らせたり、光らせなかったりすることを繰り返して、力の調節の仕方を覚えていく。

光ることで筆圧がわかる

手に力が入ると光る

力が抜けると光らない

指導のポイント

・不器用さがあることを自覚し、少しずつ練習すればよいことを本人にも伝える。

・光るペンは、玩具として売られているものを活用するとよい。

・光るペンがない場合は、市販のザラザラした下じきを使用すると、同様の筆圧トレーニングになる。ザラザラを感じるように書くと筆圧が上がり（手に力が入り）、ザラザラを感じないように書くと筆圧が下がる（手の力が抜ける）。

個別対応トレーニング 25 ネガティブをポジティブにチェンジ！

【時間】10分　【形態】個別・少人数　【準備物】ネガティブ・ポジティブのカード

ねらい

不安が強いことを自覚し、ネガティブな思考が出てきたときに、ポジティブな思考に変換できるようにする。

子どもの特性 不安が強い

指導の流れ

1 表面にネガティブな言葉、裏面にポジティブな言葉を書いたカードを用意する。

2 カードのネガティブな面を見せて、その言葉をポジティブな言葉に言いかえたらどうなるかを問う。子どもは思いつく言葉を答える。

3 カードの裏面にあるポジティブな言葉と答え合わせをする。または、話し合って、その場でカードに書き、一緒にカードを作っていってもよい。

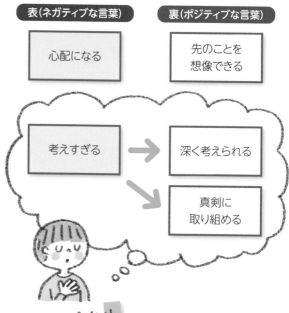

表（ネガティブな言葉）　　裏（ポジティブな言葉）

| 心配になる | 先のことを想像できる |

| 考えすぎる | → | 深く考えられる |
| | ↘ | 真剣に取り組める |

指導のポイント

・子どもが不安に思う状況で「席替えは不安だけど、新しい友達ができるチャンスでもあるよ」などと声かけをすると、どのような場面で不安になるのかを自覚しやすくなる。

・自分は不安が強いことをある程度自覚した上で、目標を掲げてトレーニングする。

・ネガティブな言葉をポジティブな言葉に変える、市販のゲームや辞典などを活用してもよい。

じっくり考える時間を設けたり、グループワークを取り入れたりする

授業中にいきなり指名したり、子どもが考えている最中に質問を変えたりしないようにする。子どもがじっくり考える時間を設ける、グループで相談するなど、不安にならない環境を作る。

また、活動の途中で「どこかわからないところはない?」「よくできているから大丈夫だよ」と不安をやわらげるような声かけをするとよい。

それ、いいアイデアだね

指導の**ポイント**

順番に答える場面で不安がどんどん大きくなる子や、みんなの前で発言することに極度の緊張を感じる子、初めての体験で予測できないことへの不安を強くもつ子もいる。不安を感じる場面には個人差があることを認識し、一人一人寄り添う必要がある。

わたしたちにできること

デジタル端末も活用しながら多様な発表形式を認める

考える時間を与えても、発言すること自体が不安な子どもには、パソコン上の掲示板に書きこむなど、デジタル端末を通じて自分の考えを伝える方法を提案する。さまざまな表現方法を認めることが今後の教育現場で重要になる。

2章

1 健康の保持

2 心理的な安定

3 人間関係の形成

4 環境の把握

5 身体の動き

6 コミュニケーション

❸ 障害による学習上又は生活上の困難を改善・克服する意欲に関すること

自立活動の内容　6区分27項目

人間関係の形成

「3 人間関係の形成」の区分では、自分や他者への理解を深め、対人関係をスムーズにすることや、集団活動に積極的に参加できるよう、集団参加への基盤を作ることをねらいとしています。自立活動を行ううえで必要な要素と関連する内容は、以下の4項目に分類されます。

小学部・中学部学習指導要領　第7章の第2の3より

区分　3 人間関係の形成

項目　(1) 他者とのかかわりの基礎に関すること。
　　　　(2) 他者の意図や感情の理解に関すること。
　　　　(3) 自己の理解と行動の調整に関すること。
　　　　(4) 集団への参加の基礎に関すること。

例えば、こんな子……

☐ 相手の立場に立って考えることができない
☐ 言葉の意図を読み取れず、トラブルになりやすい
☐ 自分の気持ちを書いて表現することが苦手
☐ 話すことや聞くことが苦手で、コミュニケーションがうまくいかない
☐ 友達の輪にうまく入ることができない　　　　　　　　　など

2章

① 健康の保持

② 心理的な安定

③ 人間関係の形成

④ 環境の把握

⑤ 身体の動き

⑥ コミュニケーション

各項目における自立活動の指導内容

（1）他者とのかかわりの基礎に関すること。

ねらい 人に対する基本的な信頼感をもつことや、他者からの働きかけを受け入れたり、それに応じたりできる。

指導内容 障害のある子は基本的な信頼感の形成が難しい場合があるため、ソーシャルスキルトレーニングで他者とのかかわりの基礎を知る。例えば「お悩み相談室」などの、他者の悩みに対してその人の立場に立って答えるトレーニングを実践する。通常のクラスでは、伝えたいことをしっかり伝えられるような取り組みを行い、聞いてもらえる喜びを体験できるよう配慮する。

トレーニング ▶▶ 88 ～ 89ページ

（2）他者の意図や感情の理解に関すること。

ねらい 他者の意図や感情を理解し、それに応じた適切な対応がとれる。

指導内容 他者の意図や感情を理解する力は、人とのかかわりや経験によって育まれるものだが、子どもの特性によってはそれだけではその力が育つのが難しいこともある。その場合は、さまざまな場面を想定し、相手の言葉や表情を読み取るトレーニングが必要になる。

トレーニング ▶▶ 90 ～ 91ページ

（3）自己の理解と行動の調整に関すること。

ねらい 自分の得手不得手を認識し、自分の特性を理解したうえで、集団の中で適切な行動がとれるようになる。

指導内容 自分の特性を理解していないために、同じ失敗を繰り返す場合や、行動を調整することが難しい場合がある。自分の特性や行動について図で示すなど見える化することで、客観的に見て理解できるように指導する。通常クラスでは、必要に応じて、個々の目標をわかりやすく提示するなど配慮する。

トレーニング ▶▶ 92 ～ 94ページ

（4）集団への参加の基礎に関すること。

ねらい 集団の雰囲気に合わせて、そこに参加するための手続きやルールがわかり、集団活動に積極的に参加できるようになる。

指導内容 遊びやゲームに参加する場面を想定し、参加のタイミングやその場の状況にふさわしい声かけの仕方、望ましい行動、相手の受け止め方などを一緒に考えながらトレーニングする。

トレーニング ▶▶ 95ページ

個別対応
トレーニング
26

お悩み相談室 Part2

【時間】15分　【形態】個別・少人数　【準備物】お悩み動画またはプリント

ねらい

他者の悩みや気持ちをその人の立場になって考えることで、信頼関係を築く。

指導の流れ

① あらかじめ、悩みの場面を演じた動画を撮影しておき、各自のパソコンやタブレットに公開する。動画撮影が難しい場合は、「お悩み相談室」のプリントを使用する。

例1

Aさんは、Bくんに結んでいる髪の毛を引っぱられました。「やめて!」と言っても、やめてくれません。Aさんはどんな気持ちですか。

Aさん　　Bくん

例2

Cくんは、Dくんに借りたマンガをなくしてしまいました。Dくんに謝りましたが、Dくんは怒っています。Cくんはどんな気持ちですか。

Dくん

Cくん

2 それぞれの場面の人の気持ちを想像し、どのように行動したらよいかを話し合う。

そうだね。悲しい気持ちになるよね

3 回答をもとに、「そうだね。AさんはBくんをこわいと思っているね」と認めたり、「CくんはDくんと仲よくできなくて悲しい気持ちもあるかもしれない」などと提案したりして、他者の立場に立って考えるトレーニングとする。

指導の**ポイント**

・他者の悩みを通して、他者の気持ちを想像していく。

・子どもが抱えている課題を例題に反映する必要はなく、一般的な対人関係に関する例でよい。

・トラブルの場面を、指人形やロールプレイで再現するなど、動画やプリント以外の方法でもよい。

通常の学級での活動・配慮

ふせんを使って伝え合い
お互いのよいところに気づく

クラスやグループでの発表の場面では、「自分の言いたいことを決め、それを伝えることで、みんなが反応してくれる」という状況を作る。自分の発表がどうとらえられたのかがわかると、積極的に動けるようになり、人の話もしっかり聞けるようになる。例えば、発表者の話をしっかりと聞いた後、それぞれがふせんに感想を書いて渡す、という取り組みはどの教科でも活用できる。

指導の**ポイント**

・「自分の伝えたいことを決め、そのことを伝え、他者に聞いてもらい、他者が反応してくれた」というサイクルが動機づけになる。

・伝えたいことが伝わった、気持ちが届いたという体験を積み重ねることで、他者の気持ちを理解するための行動ができるようになる。

2章

1 健康の保持

2 心理的な安定

3 人間関係の形成

4 環境の把握

5 身体の動き

6 コミュニケーション

❶ 他者とのかかわりの基礎に関すること

個別対応
トレーニング
27

そんなこと言ったのは、なぜ？

【時間】15分 【形態】個別 【準備物】トラブル場面カード

ねらい

他者の言葉の背景にある意図や感情を考え、理解し、それらの意図や背景に応じた
適切な対応ができる。

指導の流れ

1 トラブル場面カード（友達との
やりとりの中でちょっときつい
言葉を発した場面）を用意して
配る。

2 「早く早く！」と言われたAさんの
気持ちを考えて、記入する。

3 「早く早く！」と言ったBさんの気
持ちを考えて、記入する。

4 回答をもとに、何気ない言葉に
もさまざまな背景や意図がある
ことを認識させる。

そんなこと言ったのは、なぜ？

場面

体育の前の着がえの時間。Aさんは着がえるのが遅
く、まだ準備ができていません。早く着がえ終わったB
さんは「Aさん、早く早く！」と言ってきました。Aさんは
自分が「のろい」ので責められたと感じ、とても悲しく
なってしまいました。

指導の**ポイント**

・子どもたちの意見を聞いたうえで、Bさ
んの言葉の背景には「体育に遅れると
Aさんが先生に怒られると心配して
言った」「Aさんと一緒に行きたかった
から」などが考えられることを伝える。

・他者の言葉の背景を想像する習慣を
つけていく。

通常の学級での活動・配慮

どんな言葉に言いかえたら
いいかを話し合う

言葉にはさまざまな背景があるが、相手を傷
つける言葉はよくないことを教える。同じ意図
があってもきつい言い方ではなく「どんな言葉
に言いかえたらいいか」を話し合うとよい。言
葉の背景について話し合うこと自体が他者理
解のトレーニングになる。

3 人間関係の形成 ➤ ❷ 他者の意図や感情の理解に関すること

2章

1 健康の保持

2 心理的な安定

3 人間関係の形成

4 環境の把握

5 身体の動き

6 コミュニケーション

❷ 他者の意図や感情の理解に関すること

個別対応
トレーニング
28

トラブルを見える化

【時間】15分　【形態】個別　【準備物】ノートまたはプリント

ねらい

他者の言葉の背景にある意図や感情を考え、理解し、それらの意図や背景に応じた
適切な対応ができる。

指導の流れ

1 友達とのトラブルやケンカの場面を思い起こす。

2 言葉や行動のやりとりを時系列で紙に書き出す。

3 「ケンカになる前にどうしたらよかったか」を考え、
書き加える。

指導の**ポイント**

・書くことで状況を整理し、客観的
に考えられるようにする。

・望ましい言葉や言動は、赤ペンな
どを使って書き加えていくとよい。

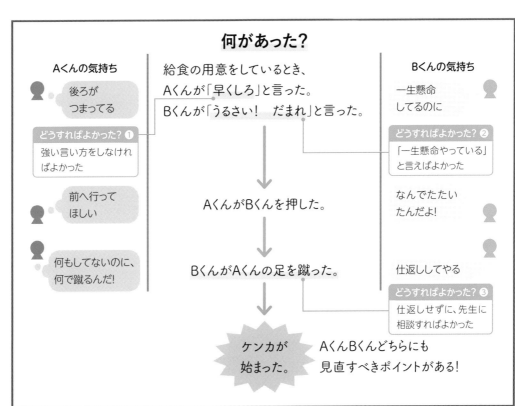

何があった?

Aくんの気持ち

後ろが
つまってる

給食の用意をしているとき、
Aくんが「早くしろ」と言った。
Bくんが「うるさい！　だまれ」と言った。

Bくんの気持ち

一生懸命
してるのに

どうすればよかった? ❶
強い言い方をしなけれ
ばよかった

どうすればよかった? ❷
「一生懸命やっている」
と言えばよかった

前へ行って
ほしい

AくんがBくんを押した。

なんでたたい
たんだよ!

何もしてないのに、
何で蹴るんだ!

BくんがAくんの足を蹴った。

仕返ししてやる

どうすればよかった? ❸
仕返しせずに、先生に
相談すればよかった

ケンカが
始まった。

AくんBくんどちらにも
見直すべきポイントがある!

91

個別対応
トレーニング
29 声の大きさを見える化

【時間】10分 【形態】個別 【準備物】音量レベルメーター（騒音計）

ねらい

自分の声の音量を知り、場面によってふさわしい音量にコントロールできるようにする。

子どもの特性 ▶ 声の音量の調節ができない

指導の流れ

❶ 自分の声の大きさを知るために、普段話している声を騒音計や騒音アプリなどで計測する。

❷ 音量をもとに、自分の声の大きさを客観的に知る。それが状況によって適切かどうかを確認し、適切な音量になるように練習する。

70デシベル →大きすぎる

もう少し
小さい声で
話しましょう

60デシベル →十分に聞こえる

これくらいの
大きさが
いいですね

指導の**ポイント**

・音量を可視化して、子どもにわかりやすく伝える。

・大きすぎる声で話す場合は、数値を見せて本人に気づかせるという方法もある。学校に音量を測定する機器があれば活用する。

通常の学級での活動・配慮

「声のものさし」で場面に合わせて適切な音量を知る

声の大きさを図で表した「声のものさし」を掲示する。「3の大きさで発表しましょう」のように、場面によって適切な音量を出せるようにする。

3 人間関係の形成 ❸ 自己の理解と行動の調整に関すること

PDF
30
お話
サイコロ

2
章

1 健康の保持

2 心理的な安定

3 人間関係の形成

4 環境の把握

5 身体の動き

6 コミュニケーション

❸ 自己の理解と行動の調整に関すること

個別対応
トレーニング
30

お話サイコロ

【時間】15分 【形態】個別・少人数 【準備物】お話サイコロ

ねらい

コミュニケーションに必要な「話す」「聞く」ことについて、話すことへの苦手意識を軽減するとともに、相手の話を聞く力や、相手の発言に対して質問する力を育てる。

子どもの特性▶ コミュニケーションをとることが苦手

指導の流れ

1 各面に話すテーマを書いたお話サイコロを用意する。またはサイコロの目の数ごとにテーマを決める。

テーマの例

・昨日の晩ご飯は何?
・今日の朝ご飯は何を食べた?
・この前の日曜日は何をして遊んだ?
・この前の土曜日は何をして遊んだ?
・昨日の夜、誰とお風呂に入った?

・昨日の夜、テレビは何の番組を見た?
・図書の時間に読んだ本は何?
・今、読んでいる本は何?
・昨日、学校から帰ってから何をした?
・最近したお手伝いは何?

●お話サイコロを作る

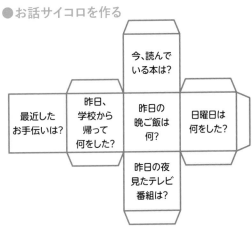

●サイコロの目の数ごとにテーマを決めておく

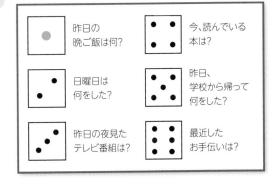

2 話をする順番を決めてサイコロを振り、出た面のテーマについて話す。

3 聞いている人は、必ず1人1つの質問をし、話した人は質問に答える。

指導のポイント

・発言に対する質問を考えるのが難しい場合は、一緒に質問を考えて語彙を増やしていく。

・慣れてきたら、話すテーマを子どもと一緒に考えてもよい。

個別対応
トレーニング
31 運筆いろいろ

【時間】10分　【形態】個別　【準備物】運筆トレーニングのプリント

ねらい

書字が苦手である特性を理解したうえで、鉛筆を使ったスモールステップで行える
課題に取り組むことで運筆の改善を図る。

子どもの特性▶ **書字が苦手**

指導の流れ

1 子どもに、手先の不器用さがあること
を説明し、自身の特性を自覚させる。

2 鉛筆の正しい持ち方を指導したうえ
で、運筆トレーニングを行う(やり方は
80ページ参照)。

3 円を何周書けたか、前回よりうまくでき
るようになったところなどを振り返る。

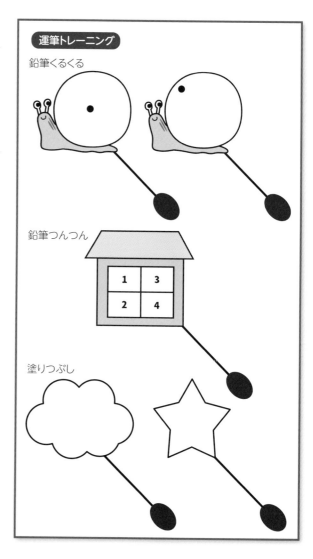

指導の**ポイント**

・子どもが自分の特性を理解すること
　で、集団の中で適切な行動をとるこ
　とにつながる。

・イラスト仕立てにするなど、楽しみな
　がら練習できるように工夫する。

3 人間関係の形成 ▶ ❹ 集団への参加の基礎に関すること

2章

① 健康の保持

② 心理的な安定

③ 人間関係の形成

④ 環境の把握

⑤ 身体の動き

⑥ コミュニケーション

❹❸ 集団への参加の基礎に関すること／自己の理解と行動の調整に関すること

個別対応トレーニング 32

一緒に遊びたいとき何て言う?

【時間】10分　【形態】少人数　【準備物】なし

ねらい

友達の輪に入ったり、自分から誘ったりできるように、場面にふさわしい声のかけ方を習得する。

指導の流れ

❶ 子ども同士が遊んでいる場面を何人かで演じる。遊んでいる子の役と、仲間に入りたい子の役とに分かれる。

❷ 一緒に遊びたい場合は、どのように声をかけたらいいのかを考えて、実践してみる。遊んでいる子はどう思ったのかも聞く。

❸ 子どもたちの意見や行動について振り返る。「一緒に遊ぼうと言えば伝わりやすいですね」「体をたたいて振り向かせるのではなく、"ねえねえ"とか"○○さん"と名前を呼んだりしてみたら」など、教師からもアドバイスをする。

指導のポイント

・集団参加の場面では、声をかけられないから参加できない子と、何も言わずにいきなり入ってくる子がトラブルになりやすい。

・集団に入りづらそうにしている、一人でいることが多いなど、指導者が気づけるようにする。

声かけの例1

おい!!

声かけの例2

○○さんたち ぼくも入れて

いいよー

こっちこっち!

あそぼー

通常の学級での活動・配慮

声かけの例やクラスのルールを掲示

一緒に遊びたいときの声かけ例やルールなどをクラスで話し合い、掲示しておく。いつも見える場所に置くことで、適切な言葉かけや行動を意識できるようにする。

> 3年2組のやくそく
>
> 1. 遊びたいときは「入れて」とはっきり言おう
> 2. 「入れて」と言われたら、いっしょに遊ぼう
> 3. 仲間はずれのないように遊ぼう
> 4. 1日1回、「みんな遊びの時間」を作ろう
> 5. みんな遊び係を作って、楽しい遊びを考えよう

環境の把握

「4 環境の把握」の区分では、自分がもつ感覚を理解し、活用できるようにすること、空間や時間などの概念を手掛かりに、周囲の状況を把握したり、環境と自己の関係を理解したりして、状況に応じた行動ができるようになることをねらいとしています。自立活動を行ううえで必要な要素と関連する内容は、以下の5項目に分類されます。

小学部・中学部学習指導要領　第7章の第2の4より

区分　4 環境の把握

項目
(1) 保有する感覚の活用に関すること。
(2) 感覚や認知の特性についての理解と対応に関すること。
(3) 感覚の補助及び代行手段の活用に関すること。
(4) 感覚を総合的に活用した周囲の状況についての把握と状況に応じた行動に関すること。
(5) 認知や行動の手掛かりとなる概念の形成に関すること。

例えば、
こんな子……

☐ 見る力や聞く力が弱い
☐ 嗅覚、前庭覚（バランス力）などの感覚で弱いところがある
☐ 筆圧の調節が難しい
☐ 細かい部分が見えにくく、形の認識が弱い
☐ 時間の感覚が身についていない　　　　　　　　　　など

各項目における自立活動の指導内容

（1）保有する感覚の活用に関すること。

ねらい 自分がもつ視覚、聴覚、触覚、臭覚、固有覚、前庭覚などの感覚を十分に活用できるようにする。

指導内容 それぞれの感覚について理解し、鍛えるための活動をする。トレーニングは、視覚には絵や言葉を見て適切な順番に並べかえるものを、聴覚や嗅覚、触覚には見えない状態にしたうえで音やにおいを当てるものを、固有覚には光るボールペンで力を調節するものを、前庭覚にはバランスボールを使ってバランス感覚を養うものなどを行う。

トレーニング ▶▶ 98 〜 105ページ

（2）感覚や認知の特性についての理解と対応に関すること。

ねらい 対象とする子どもたち一人一人の感覚や認知の特性をふまえて、自分に入ってくる情報を適切に処理できるようにする。特に感覚過敏や認知の特性がある場合は、それを理解したうえで適切に対応できるようにする。

指導内容 特性について本人と話し合い、本人が理解したうえで調節する方法を考える。通常のクラスにおいても症状や困りごとについて共有し、特性を理解してもらえるように配慮する。

トレーニング ▶▶ 106 〜 107ページ

（3）感覚の補助及び代行手段の活用に関すること。

ねらい 自分がもつ感覚を使って状況判断ができるように各種補助機器を活用したり、他の感覚で代行したりできるようにする。

指導内容 聴覚過敏をやわらげるためにイヤマフを活用したり、視覚の認識の弱さを補うためにカード型ルーペを活用したりできることを指導する。また、視覚的情報と聴覚的情報を同時に提示することで、どちらかが弱くても理解できるように配慮する。

トレーニング ▶▶ 108 〜 109ページ

（4）感覚を総合的に活用した周囲の状況についての把握と状況に応じた行動に関すること。

ねらい いろいろな感覚や、それを補助・代行できるものを活用して情報を収集したり、状況を把握したりして、的確な判断や行動ができるようにする。

指導内容 手で触った感覚をもとに中に入ったものを当てる「ブラックボックス」は、触覚を活用するだけでなく、その情報から想像力や判断力を働かせるトレーニングとなる。

トレーニング ▶▶ 110 〜 111ページ

（5）認知や行動の手掛かりとなる概念の形成に関すること。

ねらい 認知や行動の手掛かりとして、周囲にあるものの属性、形、色、音が変化する様子や、空間・時間の概念などを活用できるようにする。

指導内容 「アハ体験動画」で変化を見つるトレーニングや、「時間当てゲーム」のような、決められた秒数を感覚で当てるトレーニングを行う。

トレーニング ▶▶ 112 〜 113ページ

2章
1 健康の保持
2 心理的な安定
3 人間関係の形成
4 環境の把握
5 身体の動き
6 コミュニケーション

個別対応
トレーニング
33

どんな順番?

【時間】5分　【形態】個別　【準備物】学校生活場面カード

ねらい

目から得る情報に集中することで、見る力を伸ばし、自分がもつ視覚を十分に活用できるようにする。

子どもの特性▶ 視覚認知・見る力が弱い

指導の流れ

❶ 学校生活の中のある時間を取り上げる。それをいくつかの場面に分け、場面を説明したカードを用意してバラバラに置く。

例　給食の時間

給食を食べる

配膳台（はいぜんだい）でごはんやおかずを取り分ける

給食と食器を取りに行く

食器を片づける

白衣（はくい）に着がえて、手を洗う

❷ それぞれの場面カードを見て適切な順番を考え、順番通りに並べる。

指導の**ポイント**

・取り上げる場面は、学校生活の一部にすると、子どもがイメージしやすい。実際の場面で適切な行動の順番を覚えることにもつながる。

・カードは文字でもイラストでもよい。

通常の学級での活動・配慮

さまざまな視覚情報を工夫して提示

　その日の予定や授業の流れは、一覧表や箇条書きにしたり、順番をイラストで示したりするなど、どの子にも理解しやすい見せ方を工夫する。また、口頭での説明も加えて情報が得やすくなるよう配慮する。

4 環境の把握 **❶** 保有する感覚の活用に関すること

PDF
34
4コマ
漫画

2章

❶ 健康の保持

❷ 心理的な安定

❸ 人間関係の形成

❹ 環境の把握

❺ 身体の動き

❻ コミュニケーション

❶ 保有する感覚の活用に関すること

個別対応
トレーニング
34

お話並べ

【時間】5分　【形態】個別　【準備物】4コマ漫画

ねらい

目から得る情報に集中することで、見る力を伸ばし、自分がもつ視覚を十分に活用できるようにする。

子どもの特性▶ **視覚が弱い**

指導の流れ

1 4コマ漫画を用意し、4つの場面をバラバラに切り離して並べる。

2 それぞれの絵を見て、話の流れが合うように、4つの場面を順番に並べかえる。

指導のポイント

視覚情報だけでは理解が難しい子には、セリフを読んであげるなどしてサポートする。

通常の学級での活動・配慮

見る力も聞く力も両方重要であることを教える

しっかりと情報を得るには見る力だけでなく、聞く力も不可欠。視覚と聴覚のどちらも働かせることが大切であることを子どもにも教える。

個別対応トレーニング 35

目を閉じて よーく聞くトレ

【時間】5分　【形態】個別　【準備物】読み聞かせる文章

ねらい

耳から得る情報に集中することで、聞く力を伸ばし、自分がもつ聴覚を十分に活用できるようにする。

子どもの特性▶ 聴覚認知・聞く力が弱い

指導の流れ

1 子どもに目を閉じてもらう。または、机に顔を伏せてもらう。

2 物語の一部や簡単な文章を読み聞かせる。子どもは目を閉じたままの状態で集中して聞く。

3 読み終わったら、「誰が出てきましたか?」「どんな場所でしたか?」など、文章の内容について質問し、子どもに答えてもらう。

物語の例

アフリカの広い草原で暮らすライオンの親子がいました……

通常の学級での活動・配慮

聴覚も視覚も働かせて情報を得られるようにする

　例えば、授業中での指示は「教科書135ページの6行目から始めます」というように口頭で説明しながら黒板に書くなど、視覚情報と聴覚情報の両方を提示する。子どもが日常的に視覚と聴覚のどちらも働かせることができるように意識する。聞く力をしっかり伸ばすことが大切。

指導のポイント

・目を開けていると、見えるものに意識が向いて聞き逃す場合がある。

・目を閉じることで聞くことに集中でき、聴覚も鍛えやすくなる。

2章

1 健康の保持

2 心理的な安定

3 人間関係の形成

4 環境の把握

5 身体の動き

6 コミュニケーション

❶ 保有する感覚の活用に関すること

個別対応トレーニング **36**

何のにおい？ 当てっこゲーム

【時間】5分 【形態】個別 【準備物】においがするもの

ねらい

においから得る情報に集中することで、かぎ分ける力を伸ばし、自分がもつ嗅覚を十分に活用できるようにする。

子どもの特性 ▶ 嗅覚が弱い

指導の流れ

1 紙コップなどの容器に、においをかぐ食べ物などを入れ、アルミ箔をかぶせて穴をあける。

> **例**
>
> みかん、バナナ、りんごなどの果物、しょうゆ、ケチャップ、カレー粉などの調味料

2 容器の中のにおいをかいで、何のにおいかを当てる。難しい場合は、中に入っているものの写真や絵をあらかじめ用意しておき、その中から選んでもよい。

指導のポイント

・トレーニングでは、子どもの負担にならないにおいのものを準備する。

・かぎ分ける力が育つと不快なにおいを区別できるようになるので、不快なにおいを、わざわざかがせる必要はない。

通常の学級での活動・配慮

においが活用されている実例を話す

においには、人によって感じ方の違いがあることを教える。また、見えないものでも、においで判断できる場合があることも教える。

例えば、「都市ガスの原料にはにおいがないが、ガスが漏れたときに気づけるよう、安全のために、においをつけている」など、においが実生活に生かされている話をすることも有効。

個別対応
トレーニング
37

光るペンで筆圧コントロール Part2

【時間】5分 【形態】個別 【準備物】光るボールペン、線なぞりのプリント

ねらい

力の加減を調節する力を伸ばし、自分がもつ固有覚を十分に活用できるようにする。

子どもの特性 ▶ 筆圧が強すぎる・弱すぎる

指導の流れ

固有覚
筋肉や関節を通して感じる感覚で、自分の身体の動きや位置、力の入れ具合にかかわっている。

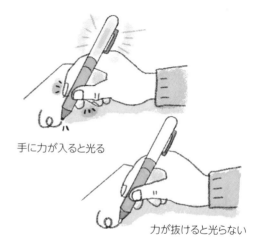

手に力が入ると光る

力が抜けると光らない

❶ 光るペンの使い方を説明する。どのくらい力を入れたら光るのかを少しずつ覚えていく。

【光るペン】
書くことでペン先が押されてヘッド部分が光るしくみになっていて、文字が書けていても光っていない場合は筆圧がまだ弱い。暗いところでも書けるライト付きのペンとは異なる。

点灯によって筆圧がわかるので、子どもが自分の力の入り具合を目で見て判断できる。

指導の**ポイント**

・力の調節を身につけるには回数が必要なので、短時間のトレーニングを毎日のように積み重ねることが必要。

・光るペンは、玩具として売られているものを活用するとよい。暗いところでも書けるライト付きのものとは異なる。

・光るペンがない場合は、市販のザラザラした下じきを使用すると、同様の筆圧トレーニングになる。ザラザラを感じるように書くと筆圧が上がり（手に力が入り）、ザラザラを感じないように書くと筆圧が下がる（手の力が抜ける）。

❷ 光るペンのヘッドを光らせ続けたまま（手の力を入れたまま）、プリントの線をなぞる。

❸ 次に、ヘッドを光らせないように（手の力を入れ過ぎずに）、プリントの線をなぞる。

光るペンで
線をなぞろう

2 章

1 健康の保持

2 心理的な安定

3 人間関係の形成

4 環境の把握

5 身体の動き

6 コミュニケーション

❶ 保有する感覚の活用に関すること

通常の学級での活動・配慮

習字の筆で線を書く練習をして力の調整をする

習字の時間に、太筆で細い線や太い線を書く練習をする。細い線を書くには力を抜き、太い線を書くには力を入れる必要があるため、手の力を調節するトレーニングになる。

指導のポイント

筆圧を調節できるようになることは、とめ・はね・払いを書くのにも役立つ。

適度な筆圧で線なぞりの練習を

筆圧が強すぎたり、弱すぎたりする特性がなくても、力の加減を調節する練習として、鉛筆のなぞり書きを取り入れてもよい。「ちょうどいい強さで、きれいな線が出るようになぞろう」と声かけをして、筆圧を意識させる。

指導のポイント

うずまきや図形など、子どもが楽しめるものを取り入れるとよい。

個別対応
トレーニング
38 バランスしりとり

【時間】5分 【形態】個別・少人数 【準備物】バランスクッション

ねらい

バランスをとる力を伸ばし、自分がもつ前庭覚を十分に活用できるようにする。

子どもの特性 ▶ 前庭覚が弱い

指導の流れ

前庭覚

自分の身体の傾きや揺れ、スピード感、回転などを感じる感覚。耳の奥にある耳石器と三半規管を通して感じる。

❶ バランスクッションの上に立ち、体勢を保つ。バランスボールでもよい。

❷ バランスクッションの上に乗ったままの状態で、しりとりをする。

通常の学級での活動・配慮

平均台の上でバランスをとりながら、「どーんじゃんけん」

　体育の時間に平均台で「どーんじゃんけん」を取り入れると、みんなで楽しみながらトレーニングができる。

　平均台の上を両端から歩いて進み、2人が出合ったら、「どーん」と言いながら両手をタッチし、じゃんけんをする。負けた人は平均台を降りて、次の人がスタートする。勝った人はそのまま進む。じゃんけんを繰り返し、先に相手チーム側にたどりついたほうが勝ち。

2章

❶ 健康の保持

❷ 心理的な安定

❸ 人間関係の形成

❹ 環境の把握

❺ 身体の動き

❻ コミュニケーション

❶ 保有する感覚の活用に関すること

個別対応
トレーニング
39

バランスキャッチボール

【時間】5分　【形態】個別・少人数　【準備物】バランスクッション、柔らかいボール

ねらい

バランスをとる力を伸ばし、自分がもつ前庭覚を十分に活用できるようにする。

子どもの特性 前庭覚が弱い

指導の流れ

1 バランスクッションの上に立ち、体勢を保つ。

2 バランスクッションの上に乗ったままの状態で、キャッチボールをする。ボールは当たっても痛くないような、柔らかいものを用意する。

指導の**ポイント**

バランスをとる動作に、ボールを投げたり取ったりする動作を重ねることで、よりバランス感覚を鍛えられる。

いくよー

いいよー

個別対応
トレーニング
40 音量ものさし

【時間】5分　【形態】個別　【準備物】音量ものさしの紙

ねらい

聴覚過敏を自覚し、自分が許容できる音量を把握する。また、聴覚過敏を軽減する器具などを使い、自分で聞こえ方を適切に調整できるようにする。

子どもの特性▶ **聴覚過敏**

指導の流れ

1 聴覚に関して、子ども自身が不快に感じるのはどんなときかを聞く。それらの症状は聴覚が過敏であることから起きていることを説明する。

2 子どもが不快に感じることと、許容できることを確認しながら、その子の「音量ものさし」を作る。

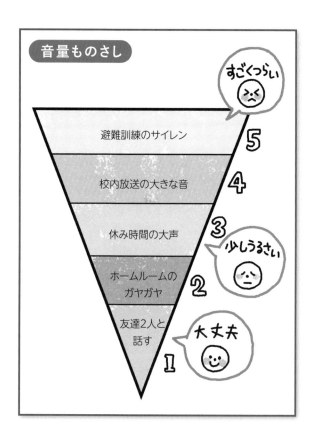

音量ものさし

すごくつらい

避難訓練のサイレン　5

校内放送の大きな音　4

休み時間の大声　3

少しうるさい

ホームルームのガヤガヤ　2

友達2人と話す　1

大丈夫

「友達と2人で話すのは大丈夫」「休み時間に友達が何人も大きな声を出していると苦痛」「校内放送の大きな音は耐えられない」など、その子どもの許容できる音量のスケールを一緒に考えていく。

❸ 許容できない音が聞こえてきそうなときには、耳栓やイヤーマフをつけるなど、自身で調整ができることを伝え、その子どもに合った対処方法を見つけていく。

2章

1 健康の保持

2 心理的な安定

3 人間関係の形成

4 環境の把握

5 身体の動き

6 コミュニケーション

❷ 感覚や認知の特性についての理解と対応に関すること

指導の**ポイント**

- 聴覚過敏のほか、視覚過敏、嗅覚過敏、味覚過敏、触覚過敏といったさまざまな感覚過敏がある（57ページ）。
- 感覚過敏の表れ方は千差万別のため、それぞれの子ども独自のスケールを知っていく必要がある。

- 本人が聴覚過敏を自覚していない、言葉にして不快感を説明できないなどの場合もある。特定の音に耳をふさぐなどの異変に指導者が気づき、子どもが調整できるように話し合っていくことが大切。
- 聴覚過敏のことを周囲に知ってもらい、クラスで話し合うことが配慮になる。

通常の学級での活動・配慮

Aさんは大きな音が苦手です

クラスルールを話し合うなど、聴覚過敏への理解を深める

「音量ものさし」をもとに、聴覚過敏がある子の症状や困りごとをクラスで共有する。過敏なだけでなく、鈍感なケースもある。また、イヤーマフなどの補助器具を使う場合があることも説明しておく。適切な音量やクラスのルールを決めるなど、周囲の理解を深めることが大切。

指導の**ポイント**

聴覚過敏についてクラスで話し合い、理解することが配慮につながる。

個別対応トレーニング 41　どこから聞こえる？ 当てっこゲーム

【時間】5分　【形態】個別　【準備物】鈴などの音の鳴るもの

ねらい

さまざまな方向からの音を聞く力を伸ばし、聴覚を使って状況判断ができるようになる。また、ほかの感覚でも代行できることを知る。

子どもの特性▶ 聞き取る力が弱い

指導の流れ

1 子どもに目を閉じてもらう。

2 どこかの方向から、手拍子や鈴などの音を鳴らす。

3 どの方向から音が聞こえたのかを当てる。音の種類や音を鳴らす方向を変えて、当てっこする。

左のほうかな

指導のポイント

・鳴らす音の種類は問わない。

・「音が聞こえる」ことだけでなく、「どこから聞こえるか」を意識する。音の大小ではなく、音の方向を感知するトレーニング。

・目を閉じて、聞こえてくる向きに意識を集中させることで、聞く力を鍛える。

通常の学級での活動・配慮

聴覚情報と視覚情報を両方提示する配慮を

授業中や何かを指示する際には、視覚情報と聴覚情報の両方を提示するよう工夫する。子どもが日常的に視覚と聴覚のどちらも働かせて、しっかり情報を得られるよう配慮する。

教科書の159ページ6番から8番の問題をやってみましょう。

4 環境の把握　❸ 感覚の補助及び代行手段の活用に関すること

2章

1 健康の保持

2 心理的な安定

3 人間関係の形成

4 環境の把握

5 身体の動き

6 コミュニケーション

❸ 感覚の補助及び代行手段の活用に関すること

個別対応
トレーニング

42

お助けルーペ

【時間】5分　【形態】個別　【準備物】カード型ルーペ

ねらい

自分に合った補助器具を活用して、視覚を活用できるようにする。また、ほかの感覚でも代行できることを知る。

子どもの特性 細かい部分の認識が弱い

指導の流れ

1 細かいところが見えにくい、細かい形の認識が弱いなどの特性がある子どもに、具体的に学習や生活の場面でどのようなものが見えにくいかを聞く。

2 自分で見え方を調整したり、見えにくさを軽減できたりする補助器具があることを紹介する。

3 筆箱に入れやすいカード型ルーペなどを使って、これまで見えにくかった箇所を見てみる。補助器具を使用することで見えにくさが軽減されたら、今後も器具の使用を認める。

指導のポイント

・ルーペを通して太陽の光を見ないことや、日光が当たる場所に置かないことなど、使用上の注意を説明する。

・拡大する倍率の種類があるので、自分が使いやすいものを選ぶよう伝える。

通常の学級での活動・配慮

補助器具を使用することを認め、クラスに周知させる

　必要に応じて、カード型ルーペなどの補助器具を使うことをクラスに理解してもらえるよう、説明する。また、日常的に視覚と聴覚のどちらも働かせて、情報を得られるよう、両方の情報を提示するよう配慮する。

個別対応
トレーニング
43

ブラックボックス

【時間】15分　【形態】個別・少人数　【準備物】箱、中に入れるもの

ねらい

手指からの感覚や記憶を活用し、情報の収集ができる。

指導の流れ

1 ブラックボックスを用意する。空き箱を使って、両側から手を入れられ、正面からは中身が見られる箱にする。中に触れるものを入れる。

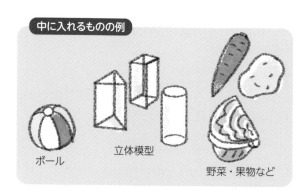

中に入れるものの例

ボール　　立体模型　　野菜・果物など

2 ブラックボックスの両側から手を入れて、中身を触る。その感触から、わかったことをメモしていく。

つるつるする

丸い形だ

2章

1 健康の保持

2 心理的な安定

3 人間関係の形成

4 環境の把握

5 身体の動き

6 コミュニケーション

❹ 感覚を総合的に活用した周囲の状況についての把握と状況に応じた行動に関すること

3 ❷と同じように、何人かで順番に箱の中を触り、わかったことをメモしていく。

4 メモをもとに、何が入っているかをみんなで一緒に考える。

5 何が入っているかの結論を出してから、ブラックボックスを開けて中を確認する。

> 丸い形だったよね

> 上に何かついていたよ

> りんごだと思う

指導の**ポイント**

・中に入れるものは、触ってもけがをしない安全なものにする。ゴムアレルギーなどもあるので、事前に子どものアレルギーを確認し、アレルギーなどの反応が出ないものを選ぶ。

・虫などのビックリするようなもの、恐怖を感じるものを入れるのは避ける。

・何人かで、当てっこゲームにしてもよい。

・子どもたちが盛り上がるゲームなので、15分の時間の中で2 ～ 3個使ってトレーニングするとよい。

通常の学級での活動・配慮

苦手な感覚を補助する
文具の使用を許可

　子どもが苦手な感覚を補えるような文房具を活用するのも、1つの方法。鉛筆を正しく持ちやすくするグリップや持ちやすい鉛筆、簡単にきれいな円が描けるコンパス、ずれにくい定規など、使いやすく、さまざまな配慮がされた文房具を使うことを認める。

個別対応
トレーニング
44

時間当てゲーム

【時間】5分 【形態】個別・少人数 【準備物】ストップウオッチ

ねらい

環境の認知や行動の手がかりとなる時間の感覚を養い、活用できるようにする。

指導の流れ

❶ 目を閉じて、ストップウオッチを持つ。

❷ 当てる時間を決める。まずは10秒から始めるとやりやすい。

❸ 「スタート」の合図でストップウオッチのスタートボタンを押し、10秒経ったと感じたらストップボタンを押す。

❹ 目を開けて、ストップウオッチの数字を確認する。10秒とどれくらい差があるかを確認する。

指導の**ポイント**

・30秒、1分と、秒数を増やすごとに難易度が上がる。

・遊びを通して、時間感覚を身につける。

・少人数の場合は、誰が一番10秒に近いのかを競っても楽しめる。

通常の学級での活動・配慮

クラス全員で時間感覚を身につける

　授業の前や学級活動の合間などを利用して、全員で時間当てゲームをして、時間の感覚を身につけていくとよい。

　机に顔を伏せ、「スタート」の合図から10秒経ったと思ったら手を挙げる。教師はストップウオッチで10秒を計測し、誰が10秒に一番近かったのかを発表する。

個別対応
トレーニング
45

アハ体験クイズ　Part2

【時間】5分　【形態】個別　【準備物】アハ体験のクイズ動画

ねらい

環境の認知や行動の手がかりとなる、ものの形や色などの変化に目を向ける力や気づく力を養い、活用できるようにする。

指導の流れ

1 授業で使うアハ体験動画を事前に選び、動画を流す環境を整えておく。

> **アハ体験動画**
>
> 画像の一部が徐々に変化していくクイズ動画。どこが変化したのかに気づいたり、ひらめいたりすることで脳が活性化する「アハ体験」ができる。動画は、「YouTube」などの動画共有サイトなどで探すことができる。

2 アハ体験動画を流し、画像が変化した部分を子どもに見つけてもらう。

3 見つけるのが難しい場合は、「1つ1つのお皿を順番に見ていきましょう」などのヒントを出す。

4 答え合わせをする。

ミニトマトが
カットトマトに
なっている

指導の**ポイント**

・1つ1つのものの形や色の変化に気づけるよう、注目する場所を決めてから見るようにしてもよい。

2章

1 健康の保持

2 心理的な安定

3 人間関係の形成

4 環境の把握

5 身体の動き

6 コミュニケーション

❺ 認知や行動の手掛かりとなる概念の形成に関すること

区分5 身体の動き

「5 身体の動き」の区分では、日常生活や作業に必要な基本動作を習得し、生活の中で適切に体を動かせるようになることをねらいとしています。自立活動を行ううえで必要な要素と関連する内容は、以下の5項目に分類されます。なお、本書は主に発達障害のある子への指導を対象としていることから、項目(1)(2)(5)に関連する自立活動のみ取り上げています。

小学部・中学部学習指導要領　第7章の第2の5より

区分 ▶ 5 身体の動き

項目 ▶
(1) 姿勢と運動・動作の基本的技能に関すること。
(2) 姿勢保持と運動・動作の補助的手段の活用に関すること。
(3) 日常生活に必要な基本動作に関すること。
(4) 身体の移動能力に関すること。
(5) 作業に必要な動作と円滑な遂行に関すること。

例えば、こんな子……

- □ じゃんけんといった日常でよくある場面での動作や基本的な手足の動作がスムーズでない
- □ 体幹が弱く、姿勢の保持が難しい
- □ なわとびが苦手
- □ 鉄棒が苦手
- □ 授業で使用する道具がうまく使えない

など

2章

① 健康の保持

② 心理的な安定

③ 人間関係の形成

④ 環境の把握

⑤ 身体の動き

⑥ コミュニケーション

各項目における自立活動の指導内容

（1）姿勢と運動・動作の基本的技能に関すること。

ねらい 日常生活に必要な動作の基本となる姿勢保持、手足の運動能力の改善や習得、関節や筋力の維持・強化などを図る。

指導内容 さまざまな手足の動きを絵で見て、同じように自分の体を動かしていくトレーニングで基本的な技能を身につける。また、授業中は正しい姿勢を意識できるような声かけをする。

トレーニング ▶▶ 116 ～ 119ページ

（2）姿勢保持と運動・動作の補助的手段の活用に関すること。

ねらい 姿勢の保持やさまざまな運動・動作が難しい場合にも、補助的手段を活用して、それらができるようになる。

指導内容 バランスボールを活用して姿勢の保持を目指す。鉄棒は補助具の使用や周囲からのサポートによってできるよう指導する。子ども同士の教え合いも大切にする。

トレーニング ▶▶ 120 ～ 123ページ

（3）日常生活に必要な基本動作に関すること。

ねらい 食事、排泄、衣服の脱ぎ着、洗面、入浴などの身辺自立、書字、描画などの基本動作ができるようになる。

指導内容 子どもの特性や障害の程度によって、適切な支援を行う。例えば、食事において箸が使えない場合は、補助具を活用する。排泄は、食事の時間を考慮したうえで時間を決めて促す。

（4）身体の移動能力に関すること。

ねらい 自力での身体の移動、歩行、歩行器や車いすによる移動など、日常生活に必要な移動能力の向上を図る。

指導内容 障害の状態により、自力で移動できない場合は、歩行器や車いすなど補助的手段を使った移動を目標とし、日常生活に役立つ移動能力を身につけられるよう指導する。また、車いすに乗ったまま使える机を準備するなど、子どもが生活しやすくなるような配慮も必要。

（5）作業に必要な動作と円滑な遂行に関すること。

ねらい 作業に必要な基本動作を習得し、その巧緻性（指先の器用さ）や持続性を向上させ、作業をスムーズに進められるようにする。

指導内容 彫刻刀などの道具を使用する際は、まず練習の時間を設けて慣れさせる必要がある。目で見たこと（視覚情報）と手の動きを連動できるよう、繰り返しトレーニングする。

トレーニング ▶▶ 124ページ

個別対応
トレーニング
46

マネマネ体操

【時間】15分 【形態】個別 【準備物】マネマネ体操の用紙

ねらい

体を動かし、日常生活に必要な動作の基本となる姿勢の保持・手足の運動能力について改善と習得を図る。

指導の流れ

1 さまざまなポーズが描かれた、マネマネ体操の用紙を黒板や壁などに掲示する。

2 絵を順番に見ながら、同じポーズになるように両手両足を動かす。

指導の**ポイント**

・まず1つ1つの動きを一緒に確認してから取り組むとよい。

・目で見た情報をもとに、それに合わせて体を動かすトレーニングであることを意識する。

・手拍子などのリズムに合わせてやると、ゲーム感覚で楽しく取り組める。

・慣れてきたら、絵を縦方向の順番に見たり、スピードアップしたりすると応用になる。

・マネマネ体操の用紙を使わなくても、2人1組で向かい合い、1人のポーズをもう1人がマネし合ってもよい。

通常の学級での活動・配慮

グー・ペタ・ピンでよい姿勢

背中とおなかは グー ひとつ

背中は ピン

足は ペタ

活動の切りかえのタイミングで、姿勢を正すよう声かけをする

授業の始まりや、活動を切りかえるタイミングで「みんなで音読しましょう。姿勢を正して」「大事な話をするので、よい姿勢で聞きましょう」などと声かけをして、姿勢を意識させる。姿勢を正すことを習慣になるように声かけを工夫する。

指導の**ポイント**

「グー・ペタ・ピン」のような、姿勢を正すときの声かけを決めておくと、子どもにも伝わりやすい。

2章

1 健康の保持

2 心理的な安定

3 人間関係の形成

4 環境の把握

5 身体の動き

6 コミュニケーション

❶ 姿勢と運動・動作の基本的技能に関すること

個別対応
トレーニング
47

じゃんけんゲーム

【時間】5分　【形態】個別　【準備物】じゃんけんゲームの用紙

ねらい

日常生活に必要な動作の基本となる、手の運動能力の改善と習得を図る。

指導の流れ

1 じゃんけんゲームの用紙(グー・チョキ・パーの手が描かれた紙)を黒板や壁などに掲示する。

2 絵を順番に見ながら、「じゃんけんぽん!」の声に合わせて、あいこになるように、それぞれ同じ手を出す。

3 次に、それぞれの手に勝つパターンや負けるパターンでじゃんけんをする。

じゃんけん
ぽん!

指導のポイント

・「グー」「チョキ」「パー」と声に出しながらやるとやりやすい。

・足じゃんけんや体じゃんけんなどでも楽しめる。

2章

1 健康の保持

2 心理的な安定

3 人間関係の形成

4 環境の把握

5 身体の動き

6 コミュニケーション

❶ 姿勢と運動・動作の基本的技能に関すること

5 身体の動き ❶ 姿勢と運動・動作の基本的技能に関すること

個別対応
トレーニング
48

サーキットトレーニング

【時間】15分　【形態】少人数　【準備物】校庭の遊具

ねらい

日常生活に必要な動作の基本となる、姿勢の保持・手足の運動能力について改善と習得を図る。体幹を鍛える。

指導の流れ

1 校庭に出てスタート地点に集合する。

2 「スタート」の合図で、のぼり棒→うんてい→タイヤ→鉄棒→ジャングルジム→すべり台などを順番にやり、ゴールまで走る。

指導のポイント

・トレーニングを体育の時間に取り入れてもよい。

・できないものは無理に取り組ませない。のぼり棒の代わりに腹筋5回など、代替のトレーニングを行ってもよい。

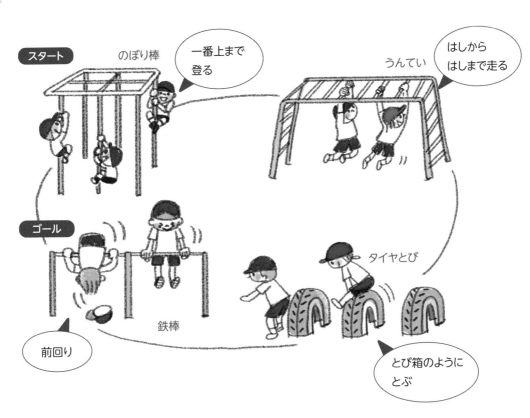

バランスボールで
体幹トレーニング

【時間】10分　【形態】個別　【準備物】バランスボール

ねらい

腹筋や背筋などを鍛えて姿勢の保持に必要な体幹を強くし、よい姿勢を保てるようにする。

子どもの特性▶ 体幹が弱く、姿勢の保持が難しい

指導の流れ

1 いすの代わりにバランスボールに座って席につく。

2 両足は床につけたままの状態でバランスを保ち、背筋を伸ばして姿勢に注意しながら、漢字練習や計算などを行う。

指導のポイント

・取り組む内容は漢字や計算以外でもよい。

・すぐに肘をついたり、姿勢がくずれて集中が続かなかったりするのは、意欲がないのではなく、体幹が弱く安定しないことが原因の場合もある。こうしたことに指導者が気づくことが重要。

・多動が強く、いすを揺らしてしまう子に対しても、バランスボールを使ったトレーニングが有効。適度な揺れや動きが常時あることで、多動が落ち着く場合がある。

通常の学級での活動・配慮

**姿勢保持クッションなどを使って
サポート**

授業中の姿勢を保つのが難しい子どもには、姿勢保持のサポート機能をもつクッションや座布団の使用を認めるなど、柔軟に対応する。体幹を鍛えるには時間がかかるため、補助的な道具を使いながら、少しずつ改善するよう努めることが大切。

2章

1 健康の保持

2 心理的な安定

3 人間関係の形成

4 環境の把握

5 身体の動き

6 コミュニケーション

❷ 姿勢保持と運動・動作の補助的手段の活用に関すること

5 身体の動き ❷ 姿勢保持と運動・動作の補助的手段の活用に関すること

個別対応
トレーニング
50

バランスボールで
腕立てコロコロ

【時間】10分　【形態】個別・少人数　【準備物】バランスボール

ねらい

腹筋や背筋などを鍛えて姿勢の保持に必要な体幹を強くし、よい姿勢を保てるようにする。

子どもの特性 ▶ **体幹が弱く、姿勢の保持が難しい**

指導の流れ

❶ 腕立ての姿勢をとり、足をバランスボールの上に乗せる。

❷ 姿勢を保ったまま、バランスボールを足からおなかの辺りまで移動させる。おなかまで来たら、足のほうに移動させ、ボールを行ったり来たりさせる。

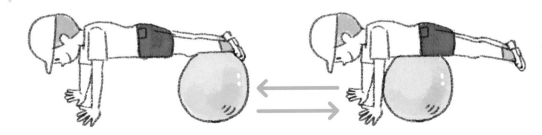

指導のポイント

・腕の力が弱いと腕立ての基本姿勢が難しい。その場合は姿勢を保つところから始めるとよい。

・ステップアップとして、同じ腕立ての姿勢で足をボールの上に乗せたまま、ボールを中心に腕で円を描くようにくるくる回る動きもある。

個別対応
トレーニング
51

なわとびレッスン

【時間】10分　【形態】個別　【準備物】なわとびのなわ、メトロノーム

ねらい

腹筋や背筋などを鍛えて姿勢の保持に必要な体幹を強くし、よい姿勢を保てるようにする。

子どもの特性 ▶ **なわとびができない**

指導の流れ

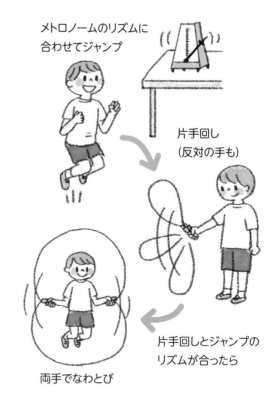

メトロノームのリズムに
合わせてジャンプ

片手回し
（反対の手も）

片手回しとジャンプの
リズムが合ったら

両手でなわとび

❶ なわとびのジャンプのテンポに合わせて、メトロノームをセットする。

❷ メトロノームのリズムに合わせて、なわを持たずにジャンプする。

❸ なわを片手で持ち、メトロノームのリズムに合わせて手を回す。反対の手も同様に行う（ジャンプはしない）。

❹ ❷のジャンプの動作と、❸の片手でなわを回す動作の両方をできるようにする（まだ、なわをまたがない）。

❺ なわを回す手とジャンプのリズムが合うようになったら、両手でなわを持って、なわとびをする。

指導の**ポイント**

・メトロノームは、振り子式、電子式、アプリなど、使いやすいものを準備する。

・メトロノームのテンポは、その子に合ったリズムを試してみる。速すぎても遅すぎてもうまくできない。

・ジャンプとなわを回す動作は同じテンポでできるようにするとタイミングがつかめ、2つの動作を合わせやすくなる。

2章

1 健康の保持

2 心理的な安定

3 人間関係の形成

4 環境の把握

5 身体の動き

6 コミュニケーション

5 身体の動き ❷ 姿勢保持と運動・動作の補助的手段の活用に関すること

個別対応
トレーニング
52

逆上がりにチャレンジ

【時間】15分　【形態】個別　【準備物】逆上がりの補助具
（補助板、補助ベルト、タオルなど）

ねらい

逆上がりの動作をサポートする補助具を使ってコツをつかみ、逆上がりができるようになる。

子どもの特性 ▶ 逆上がりができない

指導の流れ

1 子どもの体に合う高さの鉄棒を選ぶ。おへそから胸の間の高さが目安になる。

2 補助板や補助ベルト、タオルなどの補助具を使って、逆上がりの練習をする。

3 補助具なしで体を鉄棒に引きつける感覚をつかむために、タイミングのいいところで子どもの腰を押してあげる。

補助ベルト

補助板

指導の**ポイント**

・補助板は、板をかけ上がる力を使う。色分けされているものもあるので、レベルに応じて踏み切りの位置を変えて練習できる。

・補助ベルトやタオルは、体から鉄棒が離れないので逆上がりの感覚がつかめる。

通常の学級での活動・配慮

子ども同士で教え合う経験も

補助逆上がりも鉄棒の技の1つであることを伝え、補助具を使った場合でも、「できた」という達成感を感じられるように配慮する。また、できる子が背中を補助してあげるなど、子ども同士で教え合う経験も大切にする。

個別対応
トレーニング
53 彫刻刀レッスン

【時間】20分 【形態】個別 【準備物】彫刻刀、練習用の板（かまぼこ板なども可）、滑り止めシート

ねらい

作業に必要な道具の基本的な使い方を習得し、作品づくりを円滑に行えるようにする。

指導の流れ

1 彫刻刀を使用するときの注意点を伝える。

【注意点】
・彫刻刀を持つときは、手が刃の部分に触れないようにする
・刃が進む方向に反対の手を置かない
・彫っていないときに、刃先を人に向けない

正しい持ち方 ○

NG 刃に触れたり刃先に手を置いたりしない ✕ ✕ ✕

2 すべり止めシートの上に板を置く。まず練習用の彫刻刀を1本準備する。丸刀、三角刀、平刀、切り出し刀がある。

3 鉛筆を持つように彫刻刀を握り、もう片方の手を添えて前に押し出すように彫る。

4 ほかの彫刻刀も同様に、練習用の板で彫る練習をする。

指導のポイント

・危険が伴う道具のため、本番の前に使い方に慣れる必要がある。

・刃を立てすぎると深く彫ってしまい、進まなくなるので、彫り進めやすい角度を探りながらやるよう促す。

通常の学級での活動・配慮

子どもが安全に使えるような補助具を用意する

のこぎり、金づち、きりなどの危険が伴う道具を使う場合は、木を真っ直ぐに切るためののこぎりガイドや釘を打ちやすくする補助具などを用意し、子どもが使いやすいように配慮する。

2章

1 健康の保持

2 心理的な安定

3 人間関係の形成

4 環境の把握

5 身体の動き

6 コミュニケーション

❺ 作業に必要な動作と円滑な遂行に関すること

Column

特別支援教育の
現場から

好きなことが一石三鳥？　塗り絵が自立活動に

通級指導教室を担当していたときに、「塗り絵がほしい！」と言ってきた子がいました。「じゃあ、今日の通級の課題が全部できたら、ご褒美にあげるね」と私は言い伝えました。

すると、がぜんやる気が出てきたようで、課題にしっかり取り組み始めました。ご褒美が課題遂行のための集中力を促したのです。つまり、彼女にとっては塗り絵が「集中力を上げる」自立活動になっていたということです。

そして、もう1ついいことがありました。がんばって塗り絵を手に入れたことが、よほどうれしかったらしく、ていねいに、ていねいに塗り始めました。もともと、少し不器用な傾向があり、雑な作業が見られる子だったので、塗り絵が巧緻性や指先の動きのトレーニングになりました。塗り方もだんだん上手になっていきました。

上手に塗れたので、教室の壁に塗り絵を張ってあげると、とても喜びました。塗り絵を見たほかの子どもたちがほめてくれたことも、うれしかったようです。そのうち、みんなが塗り絵をやりたがり、当時の通級指導教室では一大塗り絵ブームが巻き起こりました。

本人も他者に認められるようになると、対人関係で友達にやさしく接することができるようになりました。どちらかといえば、相手の気持ちがあまりわからず、よくもめることがあった子どもなので、周囲も彼女の変化に驚いていました。

子どもからほしがった塗り絵でしたが、その取り組みの中で一石二鳥、いえ一石三鳥くらいの成果を上げることになりました。子どもそれぞれに適した自立活動があることを実感した出来事でした。

125

区分6 コミュニケーション

「6 コミュニケーション」の区分では、場や相手に応じて、コミュニケーションを円滑に行えるようになることをねらいとしています。自立活動を行ううえで必要な要素と関連する内容は、以下の5項目に分類されます。

小学部・中学部学習指導要領　第7章の第2の6より

区分 ▶ 6 コミュニケーション

項目 ▶ (1) コミュニケーションの基礎的能力に関すること。
(2) 言語の受容と表出に関すること。
(3) 言語の形成と活用に関すること。
(4) コミュニケーション手段の選択と活用に関すること。
(5) 状況に応じたコミュニケーションに関すること。

例えば、こんな子……

- ☐ 言葉で自分の気持ちを伝えるのが苦手
- ☐ 言葉以外の伝え方を知らない
- ☐ ものや行動に対する言語概念が乏しい
- ☐ 場の雰囲気や相手の状況を想像できない
- ☐ 相手の様子や状況を見ながら会話をするのが苦手　　など

2 章

1 健康の保持

2 心理的な安定

3 人間関係の形成

4 環境の把握

5 身体の動き

6 コミュニケーション

各項目における自立活動の指導内容

(1) コミュニケーションの基礎的能力に関すること。

ねらい 子どもたちの障害の種類や程度、興味関心に応じて、表情や身振り、デジタル機器を用いるなどして、コミュニケーションに必要な基礎的能力を身につける。

指導内容 コミュニケーションをとるには、表情やジェスチャー、デジタル機器など、さまざまな方法があることを、話し合いや絵カードを使って指導する。

トレーニング ▶▶ 128 ～ 129ページ

(2) 言語の受容と表出に関すること。

ねらい 話し言葉や、さまざまな文字・記号などを使って、相手の意図を受け止めたり、自分の考えを伝えたりするなど、言語の受容・表出ができるようにする。

指導内容 表情やジェスチャーで自分の考えを伝えたり、相手の意図を受け取ったりするジェスチャーゲームで意思の伝達方法を身につける。また、授業中の発表時には、言語だけでなく記号やデジタル機器での表示など、多様な手段を認めることも重要。

トレーニング ▶▶ 130 ～ 131ページ

(3) 言語の形成と活用に関すること。

ねらい コミュニケーションを通して、事物や現象、自己の行動に対応した言語の概念を形成し、体系的な言語を身につける。

指導内容 1つの言葉からイメージする言葉を次々に答えていく連想ゲームなどを数人で行うことで、他者の考えやさまざまな言語概念があることに気づかせる。

トレーニング ▶▶ 132 ～ 133ページ

(4) コミュニケーション手段の選択と活用に関すること。

ねらい 話し言葉や文字・記号、機器などのコミュニケーション手段を適切に選択・活用して、他者とコミュニケーションがとれるようにする。

指導内容 同じ意味の絵カードと言葉カードをマッチングさせるゲームを通して、多様な表現方法があることに気づき、適切に選択するトレーニングとする。

トレーニング ▶▶ 134 ～ 135ページ

(5) 状況に応じたコミュニケーションに関すること。

ねらい 場や相手の状況に応じて主体的にコミュニケーションがとれるようにする。

指導内容 状況や場面を表した絵カードから、さまざまな情報を読み取るトレーニングを行う。

トレーニング ▶▶ 136ページ

個別対応
トレーニング
54

いろいろなコミュニケーション

【時間】10分　【形態】少人数　【準備物】なし

ねらい

表情やジェスチャー（身振り・手振り）、デジタル機器などによるコミュニケーションの方法があること知る。

指導の流れ

1 相手に何かを伝えるとき、話す以外に、どのような方法があるのかを話し合う。

2 子どもちたちから出た意見の中から、いくつかの方法を試してみる。

3 意見が出なかった場合は、表情やジェスチャー（身振り・手振り）でもコミュニケーションができることを教える。また、メモに書いて渡したり、デジタル端末で表示したりできることを教える。

指導のポイント

・ここでは「話す」以外にもコミュニケーションをとる方法があることをまず知ることが重要。確実に伝わったのかどうかは、評価ポイントではない。

通常の学級での活動・配慮

多様な意思表示の方法を取り入れる

　授業中に、例えば「賛成」「反対」の意思表示をする場面では、挙手をする、紙やノートに書いて見せる、端末で表示するなど、多様な方法を取り入れる。学習指導要領においても、ICTを使うなどのさまざまな意思伝達の方法を認めることが明記されている。

6 コミュニケーション ❶ コミュニケーションの基礎的能力に関すること

個別対応トレーニング **55**

どんな気持ち？ クイズ

【時間】10分　【形態】少人数　【準備物】気持ちの絵カード

ねらい

表情やジェスチャー（身振り・手振り）、各種の機器によるコミュニケーションの方法があること知る。

指導の流れ

1 相手に何かを伝えるときに、言葉を使う（話す）以外にどんな方法があるのかを話し合う。

2 表情からも、意思表示や相手の気持ちを理解できることを伝える。

3 気持ちの絵カードまたは人の表情がわかる写真を見せ、どんな気持ちかを想像する。

やったー！

例）言い合いになって、怒っている。

例）子どもが転んだと聞いたお母さんが心配している。

指導のポイント

・表情だけを読み取る場合は、「感情チップ」（58ページ）の絵も活用できる。

・相手とのやりとりの場面では、相手の表情にも注目させる。

個別対応
トレーニング

56 ジェスチャーゲーム

【時間】10分 【形態】少人数 【準備物】なし

ねらい

表情やジェスチャー（身振り・手振り）で自分の考えを伝えたり、相手の意図を受け取ったりして、コミュニケーションができるようにする。

指導の流れ

1 ジェスチャーで伝えるお題を設定する。日常生活や学校生活にかかわる言葉で、ジェスチャーで表現しやすく子どもがわかりやすい内容が適している。

例
・歯みがき　・顔を洗う　・ご飯を食べる
・平泳ぎ　・クロール　・背泳ぎ
・サッカー　・野球　・バスケットボール
・携帯電話　・パソコン
・ピアノ　・リコーダー　・指揮者

2 ジェスチャーをする人、見て答える人に分かれる。ジェスチャーをする人にだけお題を見せ、相手に伝わるように、身振り・手振りで表現する。

3 答える人は、ジェスチャーを見てお題は何かを当てる。

ジェスチャーの例

歯みがき

サッカー

携帯電話

指導のポイント

ここでは、「話す」以外の方法で意図を伝えることがトレーニングになる。指導者は、子どもがジェスチャーでお題を伝えられたかどうかまでを見ていく必要がある。

多様な意思表示の方法を認め、クラス全員が理解できるようにする

口頭での発表や意思表示が難しい子どもが自分の気持ちや意図を伝えられるように、さまざまな意思表示の仕方があることを教える。挙手をしたり、ノートに書いたり、タブレットに表示したりと、それぞれの方法をクラス全員が理解し、認める。

表情からも気持ちが読み取れることを知る

言葉がなくても、表情で自分の意思や相手の気持ちを伝えられる場合もあることを教える。「どんな気持ち?クイズ」(129ページ)のトレーニングを活用して、写真や絵を見て、「笑っているから楽しいんだね」「どこか痛いのかな?」など、人の気持ちを想像する体験をしておくことも大切。

指導のポイント

・自分の意見をうまく表現できなくても、「○○さんと同じ」と言えただけで意思表示とするなど、多種多様な意思表示の方法を認める。

・口頭での発言でなくても、「自分の意思を伝えられた」と子ども自身が思えることが大切。

2章

1 健康の保持

2 心理的な安定

3 人間関係の形成

4 環境の把握

5 身体の動き

6 コミュニケーション

❷ 言語の受容と表出に関すること

キーワードゲーム

【時間】10分　【形態】少人数　【準備物】なし

ねらい

さまざまな言語概念を身につけ、思いや行動を自分の言葉で伝えることができるようになる。

指導の流れ

1 ゲームのキーワードを1つ設定する。

> **例**
> ・りんご　・みかん　・バナナ
> ・誕生日　・クリスマス　・お正月
> ・運動会　・夏休み　・雨　・雪

2 キーワードからイメージする言葉を一人ずつ順番に答える。わからない場合は、2回までパスしてもよい。

3 最後まで答えられた人が勝ち。

指導の**ポイント**

・人数は適度に順番が回ってくる3〜4人程度が望ましい。

・1つの言葉には、さまざまな言語概念があることを理解させる。

・ゲームがすぐに終わってしまわないよう、パスは2回までOKとする。人の答えを聞くことでも語彙を広げられる。

通常の学級での活動・配慮

言葉の意味を理解できるように説明や言いかえをする

　教科書などにある言葉でも、今の時代にはないものや子ども世代にはわからないものもある。国語の物語文のキーワードなどについては、理解できない子どももいる前提で、意味を説明したり違う言葉に言いかえたりして、どんな子どもも理解できるように配慮する。

6 コミュニケーション　❸ 言語の形成と活用に関すること

2章

① 健康の保持

② 心理的な安定

③ 人間関係の形成

④ 環境の把握

⑤ 身体の動き

⑥ コミュニケーション

❸ 言語の形成と活用に関すること

個別対応トレーニング 58

連想ゲーム

【時間】10分　【形態】少人数　【準備物】なし

ねらい

さまざまな言語概念を身につけ、思いや行動を自分の言葉で伝えることができるようになる。

指導の流れ

❶ 3〜4人で輪になって、ゲームをする順番を決める。

❷ 最初の言葉を1つ決める。手拍子などのリズムに合わせて、最初の人は、その言葉から連想する言葉を答える。

❸ さらに、その言葉から連想できる言葉を2番目の人が答える。3番目以降の人も同じように、連想できる言葉を答えていく。わからない場合は、2回までパスしてよい。

❹ 最後まで答えられた人が勝ち。

指導のポイント

・指導者が人数に加わったり、ヒントを出したりしてもよい。

・コミュニケーションには、語彙を増やすことが必要となる。多様な言葉を知り、それを相手が理解できるように使えることが重要。

個別対応
トレーニング
59

マッチング・カードゲーム

【時間】10分　【形態】少人数　【準備物】マッチング・カード

ねらい

話し言葉や文字、記号などのコミュニケーション手段を適切に選択・活用し、他者とコミュニケーションができるようになる。

指導の流れ

1 絵と言葉がセットになった、マッチング・カードを用意する。絵と言葉が同じ意味になるような組み合わせをいくつか作っておく。

（例）あいさつ

おはよう		いただきます		さようなら	
おやすみなさい		ありがとう		ごめんなさい	

（例）気持ち

うれしい		悲しい		くやしい	
びっくりする		つまらない		恥ずかしい	

② 絵カードを1枚見せて、言葉カードの中から同じ意味のものを選ぶ。慣れたら反対に、言葉カードを1枚見せて、絵カードの中から同じ意味のものを選ぶ。

③ 絵カードと言葉カードを2つのグループに分け、裏返しにして並べる。

④ ゲームをやる順番を決め、最初の人が絵カードから1枚、言葉カードから1枚を選んでめくる。トランプの神経衰弱のようなやり方で、絵と言葉の意味が合っていたら自分のものにする。合っていなかったら、裏返して次の人の順番になる。カードがなくなったら終了。手元のカードが多い人が勝ち。

指導の ポイント

- カードは、文字と文字の組み合わせではなく、文字と絵、文字と記号の組み合わせにする。

- 場面や記号を理解するのが難しい場合は、野菜や果物の絵と名前の単純な組み合わせカードから始めるとよい。

- かるたを利用してもよい。その場合は絵札の文字を隠して、絵札と読み札のペアを見つけていく。

通常の学級での活動・配慮

絵文字で書くことも認める

授業の振り返りや感想を書く際に、「よくできた」はスマイルマークや◎、「よくわからなかった」は泣き顔マークや×など、文字の代わりに絵文字や記号で表すことを認める。伝達の手段は1つではないことを認識させる。

情報伝達やコミュニケーションの手段を知る

情報伝達の手段には、いくつか方法があることを教える。例えば、ニュースはテレビでも新聞でも伝えられるが、「テレビは映像があるので、わかりやすい」「新聞は何度でも読み返せる」など、それぞれにメリットやデメリットがあることを考えさせる。コミュニケーションの手段も、直接話したり、紙に書いたり、絵で表現したりと、さまざまな手段があり、状況によって選べることを伝える。

ふりかえりシート

じゅぎょうのめあす	よくできた	できた	もう少し
〜〜〜	😊	🙂	😐

2章

1 健康の保持

2 心理的な安定

3 人間関係の形成

4 環境の把握

5 身体の動き

6 コミュニケーション

❹ コミュニケーション手段の選択と活用に関すること

2章

1 健康の保持

2 心理的な安定

3 人間関係の形成

4 環境の把握

5 身体の動き

6 コミュニケーション

❺ 状況に応じたコミュニケーションに関すること

6 コミュニケーション ❺ 状況に応じたコミュニケーションに関すること

PDF
60
場面
カード

個別対応
トレーニング

60 絵から情報ゲット

【時間】10分　【形態】個別・少人数　【準備物】場面カード

ねらい

円滑なコミュニケーションに必要な、場面や相手の状況を的確に把握する力を育てる。

指導の流れ

1 状況や場面を表した絵カードを用意する。

2 絵カードを見て、そこからわかる情報を挙げる。見た目や動作などのさまざまな情報を読み取る。

3 少人数でやる場合は、読み取った情報を発表し合う。さらに、それを文に書き、文章のトレーニングに発展させる。

例
・帽子をかぶっている
・リュックサックを背負っている
・汗をかいている
・ハンカチで汗をふいている
・暑そう

例
・女の子が2人いる
・2人は友達
・猫のTシャツを着ている
・手を振っている
・道でばったり出会ったようだ
・「バイバイ」と言っている

指導の**ポイント**

・人物や動物が1つだけ描かれているシンプルな絵からトレーニングを始める。慣れてきたら何人かで遊んでいる場面などにして、絵にある情報を増やしていく。

・まずは「帽子をかぶっている」「リュックサックを背負っている」といった事実だけを読み取るようにして、「うれしそう」などの表情も読み取れるなら、それも認めていく。

・トレーニングは1人でもできるが、数人で取り組むことで、他者の着眼点から情報の取り方を広げていくことができる。

通常の学級での活動・配慮

原作本や写真などの資料を用意

例えば、国語で物語の単元を扱う場合は、原作本やシリーズ本、関連する写真やイラストなどを用意して、情報を読み取る際の手助けにするとよい。

事例集
子どもの特性に応じた
適切な支援

3章では、困りごとや特性がある子どもへの
支援の流れについて取り上げました。
アセスメントから明らかになった課題やそれに対応するトレーニングなど、
事例集として参考にしてください。

勝ち・負けへのこだわりが強く、負けるとキレる

アキラくん（6年男子）／自閉症スペクトラムの特性あり

子どもの様子

アキラくんには、勝ち負けにこだわる特性があるようです。

彼が通う通級指導教室では、授業の終わりにみんなでよくトランプをします。アキラくんはゲームに勝つと有頂天になったり、ほかの子をバカにしたような態度をとったりしますが、大変なのは彼が負けたときです。トランプをその場にたたきつけ、教室から飛び出していきます。「バーン！」と思い切り音を立てて扉を閉めるといった具合です。

①　どんな困りごと？

本人も周りも、彼の感情に振り回されてしまう

もう
アキラくんとは
トランプを
やりたくないなぁ

アキラくんが勝っても負けても、周りの子どもたちはいやな気持ちになります。彼が勝てばバカにされるし、彼が負ければトランプを投げつけられたり、大きな音を立てられたりするからです。

アキラくんにとっても、いつも感情に振り回されてしまうのは、苦しいことでしょう。彼に平常心でいられる力を身につけてほしいと周りの人たちは願っていましたが、いつまでたってもそんなふうなので、「もうアキラくんと一緒にトランプゲームをしないほうがいいんじゃないか」と思うようになりました。

②　アセスメントを行う

方法　特性と行動の関係性に着目

アキラくんには、すでに「自閉症スペクトラム」という診断がなされていました。そこで、その診断をヒントに、自閉症スペクトラムの特性と勝ち負けへのこだわりとの関連性に着目。「なぜ、負けると暴れるのか」の解明に取り組むことにしました。

こんな課題が明らかに！

課題1　客観的な視点をもてない

自閉症スペクトラムの特性の中でも「客観的な立場で見れない」「他者の視点に立ちにくい」という特性が、アキラくんの行動に関連していることが判明しました。彼は、これらの特性のせいで、自分の行動を客観的に見ることが難しい状態だったのです。

せっかく楽しく遊んでいたのに...

0か100かの思考になりやすい

「0か100かの思考に陥りやすい」という特性も、彼に当てはまることがわかりました。勝負に勝てば有頂天の100、負ければ失意の0。この特性が強いと、0と100の間を極端に動くので、その分、感情の揺れも増幅してしまいます。

客観性の持ちにくさと、0か100かの思考、この2つの特性の相乗効果で、行動修正ができない状態になっていたのです。

0か100の思考

0か100の思考は、よいときと悪いときの感情の揺れ幅が大きく、衝動的な行動を起こしやすい。

③ 支援の方針を立てる

方針1 勝負の場面を持ち続ける

どんなに大変な状態になろうと、トランプはやめないことにしました。大変だからといって、勝ち負けの場面を作らなければ、その場面を抑制する力をつけることはできません。敢えてみんなでトランプを続けることで、本人に自己抑制力をつける場を提供しました。

この「やり続ける」という方法は、客観的な視点で自分の特性を自覚するという自立活動に当てはまります。勝ち負けの場面を確保して、本人が自身の特性に気づく機会を与え、感情を抑制する力を獲得できるよう、このような自立活動を続けました。

関連する自立活動の区分・項目

1 健康の保持 ❹ 障害の特性の理解と生活環境の調整に関すること

方針2 中間の価値観があることを伝えていく

アキラくんにとっては、トランプなどのゲームが「勝つか負けるかしかないもの」に見えています。この0か100かの思考をやわらげるため、そこに「ゲームをしたら楽しい」という新たな価値観を持ちこむことにしました。中間の価値観を獲得することを目指したのです。

彼が勝って有頂天になっているときに、負けた人がこう言います。「負けてくやしいけど、アキラくんとトランプをやると楽しいから、またやろう!」。彼が負けたときに言っても耳に入りませんが、彼が勝ったとき、つまり「100の思考」の状態で言うと、受け入れやすくなります。この取り組みを1か月以上継続しました。

中間の価値観

関連する自立活動の区分・項目

2 心理的な安定 ❶ 情緒の安定に関すること

ワンポイントアドバイス

本人が葛藤する場面を減らさないように

本人がキレてしまい、周りが困惑する状況はつい避けたくなりますが、課題を克服するためには、葛藤している場面に適度に身を置くことも必要です。その状況の中で、感情をコントロールできるように、周りがサポートしていきましょう。

今日もトランプをやろうね

「遊ぶのは楽しい」という
中間の価値観を
身につけたことで、
友達と遊ぶ時間が増えました。

　トランプを続けて数か月ほどたったある日。アキラくんが負けて、いつものようにトランプを投げつけました。ところが部屋から出ていくとき、いつもなら力任せに扉を閉める彼が、そーっと音を立てずに閉めました。トランプを投げつけてから、出口まで歩いていく間に、「ゲームは楽しいからしているんだ」ということを思い出したようでした。

　それ以来、アキラくんは、負けてもトランプを投げつけたり、力任せに扉を閉めたりすることはなくなりました。

　それだけではありません。野球が苦手なはずのアキラくんが毎日友達と野球をして遊んでいるのです。それは「負けても友達と遊ぶのは楽しい」という中間の価値観を身につけたからでしょう。その後、親が勧める私立中学には行かないと自分で決め、友達と一緒の地元中学校へ進学しました。

CASE B

友達との関係がうまくいかず、その原因がよくわからない

イオリさん（5年女子）／会話が続かない

子どもの様子

　会話をすることはできるのですが、友達との関係がなかなかうまくいきません。友達からは「なんで無視するの？」と言われますが、イオリさんは、まったく自覚がなく、それどころか「自分はいじめられているのではないか」と感じています。

　家庭でも「友達からいじめられているかもしれない」「仲間外れにされている気がする」と訴えています。でも、クラスの子たちに様子を聞いたり、先生が観察したりしても、そのような状況は確認できません。

どんな困りごと？

「無視してる」と言われるけれど、本人と友達の言い分が異なる

イオリさんの保護者から「友達との関係がうまくいっていないようです。友達に無視してると言われ、いじめられているので、最近では学校に行きたくないとまで言っています」という相談がありました。

一方、友達からは「イオリさんは勝手に話を変える」「こちらの言ったことを無視する」という訴えが寄せられます。

どちらの言うことを信頼したらよいのか、先生も保護者も、周囲の人たちは困り果てています。

何かあったの？

アセスメントを行う

方法 「お話サイコロ」で課題を探る

保護者からの訴えがあったことをきっかけに、イオリさんのアセスメントを行いました。コミュニケーションに関するトラブルが多いため、イオリさんと先生で「お話サイコロ」（93ページ）を実施。普段、イオリさんがどんなやりとりをするのかを観察しました。

「お話サイコロ」の手順

❶ 各面にお話のテーマを書いた、大きなサイコロを用意する。
❷ サイコロを振る順番を決める。
❸ 1人目がサイコロを振り、出た面のテーマについて話す。
❹ 2人目はその話を聞き、質問を考える。
❺ 1人目の話が終わったら、2人目は質問をする。1人目がその質問に答える。

実際には、こんなやりとりになりました。

まずサイコロを最初に振ったのは先生。「最近読んだ本」というテーマが出ました。

宮部みゆきの本を読みました

テーマ「最近読んだ本」

 宮部みゆきの『あかんべえ』という本を読みました

芥川龍之介の本を読んだことはありますか?

 あります。芥川龍之介が好きなの?

芥川は?

こんな課題が明らかに!

課題 相手の話をつなげるのが難しい

お話サイコロをやってみて、イオリさんは相手の言葉に反応せず、自分の聞きたいことだけを聞いていることがわかりました。イオリさんにとって、相手の話に興味をもったり、その言葉に関連する話題を続けたりするのは、難しいことだったようです。

大人は子どもの発言に合わせて話をするの

であまり気になりませんが、これが友達との会話となると様子が違ってきます。友達は聞かれたから答えたのに、イオリさんが興味がなければ別の会話に変えてしまうので、相手の子は「無視された」と受け取ります。一方、イオリさん自身は無視した自覚がないので、「責められた」と感じてしまうのです。

相手の話に関連する話題を
続けられない

③ 支援の方針を立てる

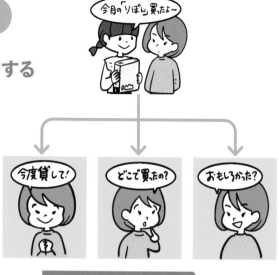

方針1 やりとりのパターンを練習する

　毎週1回「お話サイコロ」を実施して、相手の発言に関係ある質問をする練習をしました。前述の先生とのやりとりであれば、「宮部みゆきの本を読んだ」と聞いたら、相手の発言に関連付けて「おもしろかった？」とか「どこで買ったの？」「今度貸してよ」など3パターンぐらいの返し方を考えてもらい、実際に会話をつなげます。このような練習を毎週繰り返しました。

関連する自立活動の区分・項目

2 心理的な安定　❶ 情緒の安定に関すること

方針2 話題転換の方法を身につける

　相手の話から会話をつなげる練習のほかに、自分のしたい話を違和感なく切り出す練習もすることにしました。例えば、方針1のやりとりをした後ならば、「ところで話は変わるけど」とか「私もおもしろい本を見つけたんだけど、聞いてくれる？」などとつなげれば、スムーズに自分の話ができます。このような方法があることをイオリさんに伝え、実際にやってみました。

　これらの取り組みを1年間続けました。

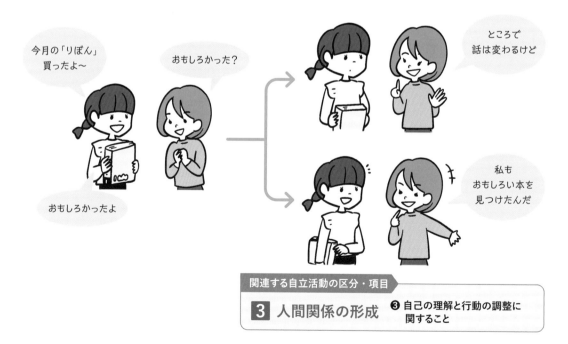

関連する自立活動の区分・項目

3 人間関係の形成　❸ 自己の理解と行動の調整に関すること

ワンポイントアドバイス

言いたいことを我慢しすぎないように

相手の話に合わせる練習は必要ですが、自分の話したいことを抑えすぎたり、話すことをあきらめたりするのはよくありません。相手に合わせることと、自分の気持ちを伝えること、どちらもバランスよくトレーニングすることが大切です。

4 こんな成果が！

イオリさん、こんにちは

先生〜！中学の友達ですっ

6年生の通級指導教室で1年間トレーニングを続け、無事中学校に進学したイオリさん。相手に合わせた会話がスムーズにできるようになり、中学校では友達との関係づくりがうまくいったようです。

入学後すぐに「友達ができました！」と言って、その友達を連れて、通級指導教室に遊びに来てくれました。

> 会話のパターンを身につけたことで、友達との会話がスムーズになり、関係性も良好に。コミュニケーションのズレがなくなりました。

集中力が続かず、授業中寝てしまうことも

チアキくん（2年男子）／多動・衝動傾向が強い

子どもの様子

　チアキくんは、興味のあることには集中して取り組めますが、興味がないと集中が続きません。

　授業中、周りの子に気を取られて先生の話を聞いていなかったり、自分が作業しているときは夢中になって手を止められず、大事なことを聞き逃してしまったり、課題に取り組んでいる途中で気になることがあると投げ出してしまったり……。集中力が続かないときは、授業中に寝てしまうこともあります。

1 どんな困りごと？

どうせ
できないもん

「やってもできない」と学習意欲が低下

　チアキくんは学習への集中が続かず、急に席を立ったり、居眠りしたりしてしまいます。当然、成績はなかなか上がりません。本人は「どうせやってもできない」と思いこんでいるため、学習への意欲も低下。ますます学習に困難を抱えるという悪循環に陥っています。

2 アセスメントを行う

方法 ### ADHDの診断基準をチェック

　保護者の協力も得ながら、チアキくんの生育歴や学校でのこれまでの状況を調べました。また、集中力が弱いこと、多動衝動傾向が顕著に見られることから、以下に示す、ADHD（注意欠陥・多動症）の診断基準を満たすかどうかも調べることにしました。

ADHDの診断基準

不注意症状	場所	
	学校	家庭
細部に注意を払わない、または学業課題やその他の活動を行う際にケアレスミスをする	◯	◯
学校での課題または遊びの最中に注意を維持することが困難である	◯	◯
直接話しかけられても聴いていないように見える	◯	◯
指示に従わず、課題を最後までやり遂げない	◯	◯
課題や活動を順序立てることが困難である	◯	◯
持続的な精神的努力の維持を要する課題に取り組むことを避ける、嫌う、またはいやいや行う	✕	✕
しばしば学校の課題または活動に必要なものを失くす	◯	◯
容易に注意をそらされる	✕	◯
日常生活でもの忘れが多い	◯	✕

ADHDの診断基準

多動性・衝動性症状	場所	
	学校	家庭
教室内またはその他の場所で席を離れることが多い	✕	✕
不適切な状況で走り回ったり高い所に登ったりすることがよくある	○	○
静かに遊ぶことが困難である	✕	✕
じっとしていることができず、エンジンで動かされているような行動を示すことが多い	○	○
過度のおしゃべりが多い	○	○
質問が終わる前に衝動的に答えを口走ることが多い	○	○
順番を待てないことが多い	✕	✕
他者の行為を遮ったり、邪魔をしたりすることが多い	○	○
日常生活でもの忘れが多い	○	○

こんな課題が明らかに!

課題 ADHDの診断基準を満たすことが発覚

　判定するためには、6か月以上状態が継続していること、2か所以上で同じ状態が認められることが求められます。その結果、チアキくんは、「不注意症状」「多動性・衝動性症状」のいずれでも、診断基準を満たすことがわかりました。このことを保護者とも共有したうえで医療機関を受診せずに、これまで通り通常学級と通級指導教室で対応することに決めました。

今まで通り
通級に行かせたい
のですが……

わかりました

3 支援の方針を立てる

方針1 自分で目標を決め、授業前に確認する

授業中、チアキくんが席を立ってうろうろしたり、人の話を聞く場面で急に話し始めたりしたときに先生が注意するという、それまでのパターンをやめました。

その代わり、例えば「人が話しているときは最後まで聞く。途中で割りこまない」など、本人がその日の目標を決め、毎時間授業の初めに確認するようにしました。自分で決めることで目標に意識が向き、不適切な行動を抑制できるように誘導しました。

先生に注意される

急に動き出す

自分で目標を立てる

行動を
抑えられる

関連する自立活動の区分・項目

1 健康の保持　❹ 障害の特性の理解と
　　　　　　　　　　生活環境の調整に関すること

方針2 学習前に体を動かす

ADHD傾向のある子どもは、脳内の神経伝達物質の「ドーパミン」がうまく働かないために、動いたり突然話し出したりすることがあるといわれています。また、ドーパミンを正常に働かせるためには、体を動かすことが効果的だともいわれています。

そこで、通級指導教室に入る前に、なわとびや運動場でのランニングを実践しました。

関連する自立活動の区分・項目

1 健康の保持　❹ 障害の特性の理解と
　　　　　　　　　　生活環境の調整に関すること

行動の抑制ではなく、多方面からアプローチを

ADHDによる、多動・衝動傾向や不注意の症状が、ドーパミンの働きとかかわっていることを理解したうえで、子どもに対応することが大切です。行動を抑えることだけに注力せず、衝動的な行動を起こす前に声をかけるなど、通常学級でも配慮しましょう。

4 こんな成果が！

> 自分の特性を知り、そのコントロール方法を覚えていきました。成功体験を重ねたことで、学習意欲の向上にもつながりました。

　半年くらいで不注意や衝動的な行動はだいぶ減ってきました。自分の行動の原因がわかるようになり、声かけや目標の確認によって、自ら気をつけることができるようになったのです。

　また、「運動すると集中力が増す」「深呼吸をゆっくり5回行う」ということも成功体験として実感できたようです。集中が続く

と、学習への意欲や理解も高まりました。

　これらの取り組みを通して、チアキくんは自分の特性を知り、そのコントロール方法を獲得できました。

CASE D

自信がないので、不安になり、話せなくなってしまう

トアさん（1年女子）／不安になりやすい

子どもの様子

普段からおしゃべりが少なく、寡黙なトアさん。

友達といるときでも、言いたいことが言えず、もじもじしてしまいます。遊びたい気持ちはあるのですが、友達から声をかけられてもなかなか返事ができないので、仲よく遊ぶことができません。

授業中は、「当てられたらどうしよう」と不安になり、気もそぞろな様子。先生に当てられても発言できず、下を向いてしまうこともよくあります。

① どんな困りごと？

友達が誘っても、返事がないので、離れていってしまう

　休み時間、友達に誘われて、「何して遊ぶ？」「外に出る？」などと聞かれても、トアさんは答えることができません。せっかく誘ったのにトアさんが黙ってしまったので、友達は待ちきれず、いっしょに遊ぶことをあきらめて、離れていってしまいました。家庭や学校でも「どうしたいのか」と聞かれると、黙りこむことが多いようです。

② アセスメントを行う

方法　意思や考えがあるのかどうかを確認

　トアさんは意思があるのに話さないのか、それとも特に答えたいことがないから黙っているのかを確認することにしました。さまざまな場面で問いかけるとき、トアさんが返答をしやすいように選択肢を用意。トアさんが答えを選ぶと

きの様子やうなずきなどから、本人が答えたいことをもっているのかどうかを確認しました。

　また、口頭で答える場面だけでなく、テスト問題への記述の様子も観察しました。

今日の体調を聞きますね。体温は何度でしたか？

36.3度

鼻水やせきは出ますか？

出ません

今日の給食の〇〇〇は好き？

好き

△△△△△△△なところ？それとも□□□□□□□なところが好き？

□□□□□□□なところが好き

こんな課題が明らかに！

課題 ▶ **考えているけれど、自信がないから答えられない**

　選択肢の中から答えるトアさんの様子から「考えているけれど自信がないために答えられない」という状態が顕著にあらわれていました。

　テスト問題への記述では、選択形式であれば何とかやり遂げられても、記述形式では手が止まってしまうことが多くありました。しかし、何も書いていないからといって、答えがまったくわか

らないというわけでもなく、先生が細やかに問いかけると答えることもありました。自信がなくて書くことができなかったのです。

　これらのことから、トアさんには「自信がもてない」「不安になりやすい」という特性があり、この2つが相まって、「話さない」という状態になっていることがわかりました。

3 **支援の方針を立てる**

方針1 ▶ **ていねいな声かけで自信を育てる**

　通常学級でも通級指導教室でも、トアさんが自信をもち、不安を取り除いていけるように、環境作りやかかわり方に配慮しました。例えば、トアさんが課題に取り組んでいる場面では、「それでいいよ」「できてる、できてる!」と途中で声をかけるようにしました。

関連する自立活動の区分・項目

2 心理的な安定　❶ 情緒の安定に関すること

方針2 会話をパターンで身につける

通級指導教室では、「お話サイコロ」（93ページ）に取り組み、会話のパターンを身につけるため、話すことと質問することを繰り返しました。何度も繰り返すことで、やりとりに自信がもてるようになるのもねらいです。これらの取り組みを1年間続けました。

テーマ「夏休みに行きたいところ」から
会話のパターンを身につける

 夏休みはどこに行った？

ウォータースライダーがある
大きなプールに行きました

先生はどこに行きましたか？

 先生は花火大会に行きました

花火大会に行ったことは
ありますか？

あります。去年の夏、おばあちゃんの家からみんなで行きました

関連する自立活動の区分・項目

6 コミュニケーション ❷ 言語の受容と表出に関すること

「話す」ことを促すよりも、まずは不安の背景に注目して

不安のせいで話せなかったり、問題行動を起こしたりする子は、案外たくさんいます。自分の発言や行動にまちがいがないか、不安で自信がない。「失敗したくないから話さない、行動しない──」というメカニズムです。

このような場合、支援者が「話さない子にどう話させるか」と表面的な問題にばかり目を向けてしまうと、子どもはますます殻に閉じこもってしまいます。その子の内面的な不安や自信のなさを見逃さず、本質的な課題に対応していくことが大切です。

不安をもつ子への配慮は、通級での個別対応だけでなく、通常の学級でも必要になるでしょう。

④ こんな成果が！

不安をもつ子への対応はすぐには効果があらわれにくいものです。根気強く取り組む必要があります。

トアさんは低学年だったこともあって、早い時期から変化が見られました。半年もすると自信がつき始め、小さい声ながら発言する様子も見られるようになったのです。

家庭とも協力して、彼女が言葉を発したときを見逃さず、積極的に「自分の意見が言えるようになったね」「えらいよ」などと声をかけるようにしました。

不安を取り除けるように周りが配慮したことで、少しずつ行動に自信がもてるようになりました。

1年生が終わるころには、友達と会話ができるようになり、みんなと一緒に遊んだり、授業に取り組んだりする姿が見られるようになりました。

ていねいに書いても
ゴツゴツした文字になってしまう

エミさん（3年女子）／書字が苦手

子どもの様子

　エミさんは、少し幼い感じを残す、明るくて元気な子です。

　ただ、書字に課題があるようで、文字をきれいに書くことができません。漢字を覚えるのも、文字を読むのも問題ないのに、文字を書くと、いわゆる金釘流のような、太くてゴツゴツした文字になってしまいます。一生懸命書こうとしているのですが、一生懸命になればなるほど、ますますカクカクした文字に……。最近では、文字を書きたがらない様子も見られるようになりました。

① どんな困りごと?

がんばっても、きれいな文字が書けない

先生やおうちの人に、ていねいに字を書くように言われ、エミさんは一生懸命がんばります。でも、ゴツゴツした文字はなかなか改善しません。「がんばっているのに、できない……」。もう、どうしていいかわからなくなってしまい、どんどん元気をなくしています。

② アセスメントを行う

方法 ▶ 書いているときの様子を観察

エミさんが書いた文字そのものを検討するだけではなく、書いている最中の様子をしっかり観察することで、アセスメント情報を収集することにしました。

こんな課題が明らかに!

課題1 ▶ 握り持ちで持っている

鉛筆の持ち方が「握り持ち」になっていて、そのせいで鉛筆先のコントロールがしにくいことがわかりました。細かい文字を書こうとすると、手首から動かさなくてはならず、思うように書くことができない状態です。

握り持ち

課題2 ▶ 筆圧の調節が難しい

持ち方の問題に加えて、筆圧がとても高いことも明らかになりました。強弱をつけて止めたり、はらったり、はねたりという力の調整が難しいようです。

3 支援の方針を立てる

方針1 ▶ 正しい持ち方で鉛筆の先をコントロールする

　まず、市販の鉛筆補助具を使うなどして、鉛筆を正しく持つ練習をしました。

　正しい持ち方ができたら、次は筆先をコントロールする練習です。枠の中にうずまきをたくさん書いたり、枠からはみ出さないように塗ったり、鉛筆の先を動かして指定された場所をつつ

いたりする練習をしました（80 〜 82ページ）。このとき、握り持ちをしていたときのくせに気をつけ、手をつく位置を固定し、手首を回さないようにして、指先を動かすことを意識させるようにしました。

ここについた手は動かさない。

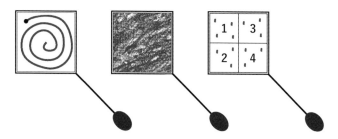

「鉛筆くるくる」「鉛筆つんつん」(80 〜 82ページ)のトレーニング

関連する自立活動の区分・項目

2 心理的な安定　❸ 障害による学習上又は生活上の困難を改善・克服する意欲に関すること

方針2 ▶ 光るボールペンで筆圧を見える化する

　筆先のコントロールと同時に、筆圧の調整の訓練もすることにしました。書くとペン先が光るボールペンを使い、図形や線などをなぞります（102ページ）。筆圧が強すぎると線が光り、弱すぎると光りません。この光を見ながら、力の入れ具合を調節していきました。

　光るように書く課題と光らせないように書く課題を交互にやるようにすると、子どもが楽しみながら取り組むことができます。

　また本人が達成感を得られるように、「昨日よりスムーズにできているよ」「力の入れ方が上手になったね」という声かけをするようにしました。

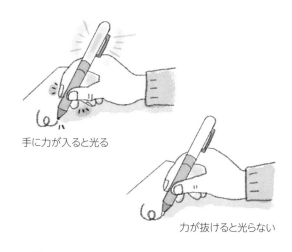

手に力が入ると光る

力が抜けると光らない

関連する自立活動の区分・項目

4 環境の把握　❶ 保有する感覚の活用に関すること

「できた」を感じられる工夫を

　書字は、練習してもすぐにうまくなるわけではありません。本人が「前よりできるようになった！」と感じられるように、できるだけやさしい課題設定を心がけましょう。

　また筆圧は、本人には「強い」「弱い」の違いがわかりにくいものです。光るボールペンなどのツールを使い、本人も納得しながら練習を進められるように配慮するとよいでしょう。

　書字の課題は、通常学級と通級指導教室とで連携して、どちらでも同じレベルに設定することが大切です。

4 こんな成果が！

力を
抜いて〜

楽しみながら取り組み、
程よく力を抜きながら、
筆先を調節できるように。

　一生懸命になればなるほど、力が入りすぎてうまく書けなくなっていたことに気づいたエミさん。「力を抜いて」と、自分に言い聞かせながら練習するようになりました。また、図形や線をなぞる練習で、少しずつ筆先をコントロールできるようになり、半年後には、読みやすい字を書けるようになりました。何より、楽しみながら取り組めたことがよかったようです。

相手を不快にする言動を
平気でしてしまう

フミヤくん（4年男子）／人の気持ちが理解できない

子どもの様子

　フミヤくんは、明るく元気な男の子です。でも、友達とのトラブルが絶えません。大人と話をするときは穏やかなのに、子ども同士でやりとりすると、ストレートなもの言いで相手を怒らせてしまうのです。フミヤくんが平気な顔をしているので、相手はますます腹を立てます。

　また、まわりの子につばをペッペと吐きかけるなど、みんなが嫌がる行動をわざとしているように見えることもあります。

1 どんな困りごと?

友達が怒っても嫌がっても、やめようとしない

　フミヤくんのストレートなもの言いのせいで相手が怒ってしまっても、フミヤくん自身は「本当のことを言って何が悪い」という態度。だから、相手はカッとなって、もめごとに発展してしまいます。また、運動場で周りの子どもたちにつばをペッペと吐きかけたときは、みんなが嫌がって逃げ回っているのに、フミヤくんは嬉々として、やめようとしませんでした。

何が悪いの?

2 アセスメントを行う

方法 意図があるのか、ないのかを確認

　相手が嫌がるようなことをわざとしているのか、それとも相手の気持ちがよくわかっていないのかを確認するため、トラブルが起きたときのフミヤくんの話をしっかり聞くことにしました。
　「なぜそんなことをしたの?」と理由を尋ねるのではなく、「どんな気持ちだった?」「相手はどう思っているかな?」と、フミヤくんがその状況をどう認識しているかを尋ねるようにしました。つばを吐きかけた場面について話を聞くと、次のようなやりとりになりました。

 なんで、つばをペッペと吐いたの?

おもしろいから

 みんな嫌がってたよ

えー?　みんな喜んでたから、いっぱいしてあげたんだよ

 みんなは、嫌だったみたいだよ

みんなキャーキャー言って、喜んでいたよ

喜んでいたよ!

163

また、友達が嫌がることを平気で言ってしまうことについて聞くと、こんなやりとりになりました。

 なんで、あの子に「太った」と言ったの？

 だって、太ってたから

 その言葉を聞いたら、相手はいやな気持になるよ

 えっ？ 本当のことを言っただけだよ

こんな課題が明らかに！

課題 **相手の気持ちに気づけない**

つばを吐きかけたことについてのやりとりから、フミヤくんは、みんなが嫌がって逃げていたのを、喜んでいると勘違いしていたことがわかりました。

また、友達が嫌がることを平気で言うことについては、「事実をそのまま言って何が悪いのか」が、わかっていないようでした。

フミヤくんは、自分の言葉や行動によって、相手がどんな気持ちになっているのか、まったく理解できていないのです。

3 支援の方針を立てる

方針1 「なぜ」ではなく「どう思ったか」を聞き取る

それまで、トラブルがあると、先生たちは「なぜそんなことをしたの？」と聞いていました。この聞き方を変え、「おもしろかった？」「楽しかった？」というように、トラブル場面での心理状態を探ることにしました。

関連する自立活動の区分・項目

1 健康の保持　❹ 障害の特性の理解と生活環境の調整に関すること

方針2　目に見えない気持ちを「見える化」する

　紙にかんたんな人の絵を描き、フミヤくんの言った「自分の気持ち」と「相手の気持ち」を吹き出しにして書き入れるようにしました。気持ちというわかりにくいものを可視化して、本人にも把握しやすくするためです。

　このとき、聞き取る側は、本人の行動を否定するのではなく、客観的な状況を図にしていくことを心がけました。

関連する自立活動の区分・項目

3 人間関係の形成　❷ 他者の意図や感情の理解に関すること

ワンポイントアドバイス

気持ちの理解が難しい子に「なぜ？」と聞いても意味がない

　相手を不快な気持ちにさせてしまったことを理解できない子に「なぜあんなことをしたの？」と言っても、反省を促すことはできず、何の効果もありません。

　本人に「何がわかっていなかったのか」を理解してもらうことが必要です。指導者は、どう伝えれば理解してもらえるかをしっかり考えなくてはなりません。

　そのためにも、否定から入らず、本人の話をていねいに聞き取り、見えない気持ちを「見える化」して指導することが大切です。

どうしてあんなことしたの？

見えない気持ちを
見える化して
想像できるようになると、
トラブルは減っていきました。

　トラブルを起こしてしまった後、先生がフミヤくんに聞き取りをして相手の気持ちを説明すると、フミヤくんはいつも「へぇーそうだったの？　知らなかった」と答えていました。彼は言い逃れではなく、本当に気がついていなかったのです。

　しかし、トラブルのたびに相手の気持ちをていねいに説明したり、見える化したりすることで、フミヤくんは、徐々に相手の気持ちを想像できるようになっていきました。そして、大きなトラブルは減っていきました。

（トレーニングでわかった！
話さなかった子の本来の姿）

通級指導を始めて間もないころ、全然話をしない、話さないから勉強もついていけない、という4年生の女の子・リコさん（仮名）の指導をすることになりました。

はじめは、個別対応をしていても、ほとんど話をしませんでした。しかし、通級ではリコさんと教師の一対一。次第にポツポツと話してくれるようになりました。ただ、このとき何を話しているのかがまったくわかりませんでした。

よく調べてみると、リコさんはたくさんの音の発音がうまくできない状態で、構音障害があることがわかりました。例えば、さ行がしゃ行やた行に、か行がた行になっていたり、「つ」が上手に言えなかったりと、たくさんの音がゆがんだ音になるという状態でした。

そこから、構音を獲得するための指導が始まりました。基礎的な口や舌の動き、呼気のコントロールなど、基本運動をみっちりやったうえに、構音点や呼気のコントロールの方法などのトレーニングを行っていきました。

こうして2年ほどかかって、ほぼ何を言っているかがわかる状態まで改善することができました。

すると……、リコさんがとってもおしゃべりさんになっていたのです！　全然話さなかったのは、小さいころ、ひどい構音障害のために、友達から「何を言っているのかわからない」と言われ続けていたから。そのことが原因で「話すのをやめる決心をした」というのです。

トレーニングを通して、他者にわかる発音を獲得したリコさんは、本来のおしゃべり好きの女の子に戻ることができたのでした。陽気におしゃべりするリコさんの笑顔は今でもよく覚えています。

167

監修者 PROFILE

山田 充（やまだ みつる）

大阪市教育委員会インクルーシブ教育推進室
通級指導アドバイザー
特別支援教育士スーパーバイザー

大阪府堺市で小学校教員として37年間勤務（前半17年間は通常の学級担任、後半20年間は通級指導教室担当）。退職後、広島県廿日市市教育委員会の特別支援教育アドバイザーを6年間務め、2023年度から現職。堺市教育委員会特別支援教育専門家チーム。一般財団法人特別支援教育士資格認定協会理事。日本K-ABCアセスメント学会埋事。

STAFF

本文デザイン
清水桂（GRiD）

本文イラスト
朝倉千夏・うつみちはる
植木美江・赤川ちかこ

DTP
小林真美・新井麻衣子（WILL）

校正
村井みちよ

編集協力
秋田葉子（WILL）
さくらいちほ・緒方麻希子・小菅由美子

編集担当
遠藤やよい（ナツメ出版企画株式会社）

本書に関するお問い合わせは、書名・発行日・該当ページを明記の上、下記のいずれかの方法にてお送りください。電話でのお問い合わせはお受けしておりません。
・ナツメ社webサイトの問い合わせフォーム
　https://www.natsume.co.jp/contact
・FAX（03-3291-1305）
・郵送（下記、ナツメ出版企画株式会社宛て）
なお、回答までに日にちをいただく場合があります。正誤のお問い合わせ以外の書籍内容に関する解説・個別の相談は行っておりません。あらかじめご了承ください。

特別支援教育をサポートする「自立活動」トレーニング&事例集

2024年3月7日　初版発行
2024年10月20日　第2刷発行

監修者	山田 充（やまだ みつる）	Yamada Mitsuru,2024
発行者	田村正隆	

発行所　株式会社ナツメ社
　　　　東京都千代田区神田神保町1-52 ナツメ社ビル1F（〒101-0051）
　　　　電話　03 (3291) 1257 (代表)　　FAX　03 (3291) 5761
　　　　振替　00130-1-58661

制　作　ナツメ出版企画株式会社
　　　　東京都千代田区神田神保町1-52 ナツメ社ビル3F（〒101-0051）
　　　　電話　03 (3295) 3921 (代表)

印刷所　TOPPANクロレ株式会社

ISBN978-4-8163-7506-4　　　　　　　　　　　　　　　　　　Printed in Japan
〈定価はカバーに表示しています〉〈落丁・乱丁本はお取り替えします〉

ナツメ社Webサイト
https://www.natsume.co.jp
書籍の最新情報（正誤情報を含む）は
ナツメ社Webサイトをご覧ください。